Thommie Bayer
Eine kurze Geschichte vom Glück

Thommie Bayer

Eine kurze Geschichte vom Glück

Roman

Piper
München Zürich

Von Thommie Bayer liegen im Piper Verlag vor:
Einsam, Zweisam, Dreisam
Spatz in der Hand
Der Himmel fängt über dem Boden an
Der langsame Tanz
Die gefährliche Frau
Singvogel

Mix
Produktgruppe aus vorbildlich
bewirtschafteten Wäldern und
anderen kontrollierten Herkünften
Zert.-Nr. GFA-COC-1262
www.fsc.org
© 1996 Forest Stewardship Council

ISBN 978-3-492-04920-7
© Piper Verlag GmbH, München 2007
Gesetzt aus der Bembo
Satz: Uwe Steffen, München
Druck und Bindung: Pustet, Regensburg
Printed in Germany

www.piper.de

Für Jone

Glück hat keinen Plural.
Peter Bamm

Der Anruf kam kurz nach elf. Ich hatte bis dahin schon sieben Zigaretten geraucht, trank eben den vierten Espresso und dachte darüber nach, ob ich ein Aspirin schlucken sollte. Falls mein Kopfweh von dem billigen Wein herrührte, den ich am Abend zuvor getrunken hatte, dann würde es auch so weggehen – aber wenn es am Wetter lag, der bleigrauen Wolkenwand, die sich von Westen, von Frankreich her, langsam näher schob, aber partout nicht ankommen wollte, dann nähme es zu und überschritte bald den Punkt, an dem keine Tablette mehr hilft. In diesem Fall musste ich rechtzeitig gegensteuern. Schmerzmittel sind Drogen, ich gehe sparsam damit um, weil ich nicht in Abhängigkeit geraten will. Nicht auch noch davon. Alkohol, Zigaretten und Kaffee, das ist genug. Laster braucht der Mensch, die unterscheiden ihn vom Roboter, aber man muss auch seine Grenzen kennen.

Ich konnte es nicht lassen, immer wieder Weine vom Discounter zu probieren, obwohl ich nur alle Schaltjahre mal einen anständigen fand – fast immer war es gefärbtes Wasser mit Fusel, Kirschsaft mit Bitterstoff oder anderer flüssiger Müll. Und ich trank diesen Müll, anstatt ihn wegzuschütten, weil ich so viel Soße nicht kochen konnte und der Überzeugung war, Wein sollte nur auf dem Umweg durch den menschlichen Körper in den Wasserkreislauf zurückgelangen. Immer nach solchen Selbstversuchseskapaden kehrte ich eine Zeit lang reumütig zu meinem Sechs-Euro-Cabernet aus dem Bioladen zurück, bis mich wieder die Sparwut juckte und ich dachte, die Regale sind voll, da muss doch einer trinkbar sein.

Ich drehte das Aspirinpäckchen in den Fingern, stellte es hochkant auf den Schreibtisch, damit es mir in die Augen fallen würde, sozusagen zur Wiedervorlage, da klingelte das Telefon, und ich nahm ab.

»Hallo?«, sagte ich, obwohl ich mich sonst eigentlich immer mit Namen melde, aber ich rechnete mit einem Anruf meiner Frau, der ich vor einer halben Stunde auf die Mailbox gesprochen hatte, sie solle mir die Versionsnummer ihrer Praxissoftware durchgeben, damit ich das richtige Update herunterladen konnte. Das würde ich ihr dann auf CD brennen und am Wochenende installieren.

»Herr Allmann?«, fragte eine Frauenstimme. »Spreche ich mit Herrn Robert Allmann?«

»Ja«, sagte ich und hörte selbst, wie reserviert meine Stimme klang. Telefonvermarkter am Vormittag? Wollten die jetzt auch noch Arbeitslose für Geldanlagen gewinnen? Oder Zeitschriften? Oder Lottosysteme? Bei Lotto macht es Sinn, dachte ich noch, Lotto und arbeitslos passt, da sprach die Stimme weiter:

»Mein Name ist Voula Perides, ich rufe im Auftrag der Baden-Württembergischen Lottogesellschaft an. Ich habe eine erfreuliche Nachricht für Sie.«

Na klar, die Sorte erfreulicher Nachricht kannte ich: Für nur soundso viel Euro im Monat erhielte ich die Chance, reich zu werden. Das war die Standarderöffnung.

Ich mache mir einen Sport daraus, diese Leute höflich abzuwimmeln, sie tun nur ihre Arbeit, und die macht sicher keinen Spaß, also sagte ich: »Danke, das ist nett, aber ich spiele schon Lotto. Zu irgendeinem System oder so etwas bin ich nicht mehr zu überreden.«

»Das weiß ich«, sagte sie.

Und dann sagte sie erst mal nichts mehr. Und daran merkte ich, irgendwas war anders. Die wollte mir nichts verkaufen. Sie schwieg einfach und wartete, bis ich mich entschlossen hatte, den Mund wieder aufzumachen.

»Sie wollen mir nichts verkaufen?«, fragte ich.

»Nein«, sagte sie.

»Hab ich etwa gewonnen?«

»Stellen wir die Frage noch kurz zurück? Ich habe selbst noch zwei Fragen, die Sie mir vorher beantworten müssen. Die erste: Wann sind Sie geboren?«

»Am fünfzehnten April zweiundsechzig.«

»Und wo haben Sie Ihre Kundenkarte eingetragen?«

»Bei Rose in der Günterstalstraße. Hier in Freiburg.«

»Gut. Sie sind es selbst.«

»Wer denn sonst? Die Putzfrau?«

Sie lachte: »Zum Beispiel. Ja. Oder sonst jemand, von dem Sie nicht wollen, dass er erfährt, was ich Ihnen zu sagen habe.«

»Jetzt wär's aber auch nett, Sie würden's endlich sagen. Sonst fang ich an mit Nägelkauen.«

»Tun Sie's nicht, das gibt Entzündungen«, sagte sie. Offenbar machte es ihr Spaß, mich hinzuhalten.

»Bitte.« Ich klang fast ärgerlich, aber ich musste lachen.

Sie auch, ich hörte ein Glucksen: »Entschuldigung. Ja, Sie haben gewonnen. Ich gratuliere.«

»Mann ...«, ich musste noch mal neu anfangen, das war kein brauchbarer Text, aber inzwischen war ich aufgeregt, es kam nicht viel besser, ich fragte nur: »Wie viel denn?« Mein Zwerchfell vibrierte.

»Ich will Sie nicht auf die Folter spannen, aber vielleicht setzen Sie sich erst mal. Die Summe ist hoch. Es könnte ein Schock für Sie sein.«

»Okay«, sagte ich und zündete mir eine Zigarette an. Das tu ich immer, wenn ich telefoniere, es ist ein Reflex, aber diesmal dachte ich, die brauch ich jetzt. »Hatte schon mal jemand einen Herzinfarkt?«

»Nein, aber wir fürchten so was. Es könnte passieren. Ich will das nicht erleben. Normalerweise kommt jemand von uns vorbei, aber Herr Storck, unser Glücksbote, hat schon zweimal vergeblich bei Ihnen geklingelt, deshalb rufe ich an. Sitzen Sie?«

»Ja. Wie heißt der Mann? Storch?«

»Storck, mit k.«

»Ich hör zu.«

»Herr Allmann, Sie teilen sich den Jackpot mit einem einzigen anderen Gewinner. Auf Sie entfallen sechs Komma zwei Millionen.«

Ich weiß, dass ich erst mal nichts dachte und nichts sagte, ich weiß, dass ich spürte, wie die Zeit verging, dass mir irgendwann auffiel, wie geduldig sie am anderen Ende der Leitung auf meine Reaktion wartete, und ein Schwall von Zuneigung für diese fremde Frau, die nur eine Stimme war, allerdings die eines Engels, wollte aus mir heraus. »Sie haben vielleicht den schönsten Beruf der Welt«, sagte ich.

»Das könnte sein.« In ihrer Stimme klang ein Lächeln mit.

»Darf ich Ihnen was abgeben? Damit Sie sich mitfreuen?«

»Aber nein, Herr Allmann, ich bitte Sie. Das ist nett von Ihnen, aber das sollen Sie nicht. Ich freue mich auch so mit. Herzlichen Glückwunsch.«

»Ich glaube, mir wird schlecht.«

»Atmen Sie tief durch, legen Sie die Zigarette weg, versuchen Sie, sich zu beruhigen, und hören Sie mir zu, wenn Sie wollen. Ich würde Ihnen gern den einen oder anderen Rat geben, wenn ich darf.«

»Ja, gern. Sicher. Bitte.« Meine Stimme klang anders als sonst. Ohne Atemluft. Gehaucht. Oder so, als wären meine Ohren auf einmal viel weiter weg vom Mund.

»Tun Sie einfach erst mal gar nichts. Sagen Sie niemandem etwas davon, überlegen Sie in Ruhe, wie Ihr Leben weitergehen soll. Könnten Sie sich für ein paar Tage zurückziehen, irgendwo einen Kurzurlaub machen, allein sein und gründlich darüber nachdenken? Verstehen Sie, warum ich Ihnen das rate?«

»Ich glaube, ja. Neid vermeiden.«

»Nicht nur, es geht auch um das Ausmaß der Veränderung. Manche Leute werden nach der ersten Euphorie depressiv, manche verlieren den Halt und schlittern in eine psychische Leere. Oder sie kaufen sich sinnlose Dinge, markieren den spendablen Krösus und vergraulen ihre Freunde, anstatt sie glücklich zu machen, oder sie finden sich in falscher Gesellschaft wieder – es kann alles passieren. Unsere Erfahrung ist, dass diejenigen, die erst mal gar nichts geändert haben, nur vielleicht ihre Schulden bezahlt und ein neues Auto gekauft oder eine schöne Reise gebucht, am besten damit klarkommen.«

»Darf ich Ihnen nicht wenigstens ein Auto schenken? Irgendein schniekes Cabrio? Roter Käfer? Grüner Mini?«

»Nein. Eine Flasche Wein, wenn Sie wollen.«

»Rot oder weiß?«

»Gern rot. Aber bitte keinen teuren. Gut darf er sein, teuer nicht. Ich will kein Geld trinken. Das würde mir den Genuss verderben.«

»Okay. Ich schick Ihnen den, den ich selber mag.«

»Einen Rat noch, wenn Sie erlauben. Eröffnen Sie ein Konto woanders, in einer Stadt, in der man Sie nicht kennt, oder bei einer anderen Bank. Besprechen Sie Ihre Finanzen nicht mit Freunden oder Bekannten, so lange, bis Sie wissen, was Sie wollen und wem Sie vertrauen.«

»Also erst mal gar nichts tun. Nur freuen. Und Klappe halten.«

»Genau.«

»Und dann? Wenn ich weiß, was ich will? Was tu ich dann?«

»Sie wenden sich an mich. Wir regeln alles nach Ihren Wünschen. Meine Telefonnummer ist null-sieben-elf-zwei-null-null-eins-null-eins. Und mein Name ...«

Ich unterbrach sie: »Voula Perides. Den vergess ich nicht mehr.«

Sie lachte. »Ist Ihnen immer noch schwindlig?«

»Nur noch im Geiste. Oder in der Seele. Körperlich ist alles infarktfrei abgegangen.«

Sie lachte wieder: »Dann bin ich ja froh. Bis bald also. Melden Sie sich.«

&

Mein Kopfweh war weg. Und es regnete. Also war der Wein nicht schuld gewesen. Darüber musste ich mir nun nie wieder Gedanken machen. Flüssiger Müll würde in Zukunft keines meiner Probleme sein. Mein Magen fühlte sich an, als hätte ich zu viel Aspirin genommen. Flau. Zittrig. Ich musste versuchen zu kapieren, was los war. Aber ich konnte nicht denken.

Solange ich noch mit Frau Perides geredet hatte, war ich mir einigermaßen zurechnungsfähig vorgekommen, aber jetzt schien mir alles schwammig und schlierig, irgendwie diffus. Ich wusste, dass ich glücklich war, ich spürte es auch, aber wie genau sich das anfühlte, hätte ich niemandem beschreiben können. Eben schwammig. Nein, nicht nur. Die Zigarette, die ich mir jetzt anzündete, schmeckte großartig. Nicht wie irgendeine. Eher vielleicht wie die nach dem phantastischsten Sex meines Lebens. Allerdings weiß ich nicht mehr, wie die geschmeckt hat, denn die größten Erlebnisse gehen unerkannt vorüber. Man rechnet mit noch größeren und erfasst den Punkt nicht, an dem die Welle abschwingt und das Glück sich verringert, bis es irgendwann mehr und mehr zum Echo eines Moments, zu einer Erinnerung geworden ist. Und diese Erinnerung ist vage, weil man den Moment nicht festgehalten hat. Nicht einmal bemerkt.

Ich wusste, wer der andere Gewinner war. Mein ehemaliger Kompagnon Ecki in Heidelberg.

Es war absurd, lächerlich, der Erhabenheit oder Glückseligkeit des Augenblicks in keiner Weise angemessen, aber was ich fühlte in dem Moment, als mir klar wurde, dass Ecki vielleicht in genau dieser Sekunde ebenso verdattert, glücklich und reich sein musste wie ich, war: Das steht dem nicht zu. Das darf einfach nicht wahr sein, dass diese dumme Sau nun erst recht auf den Putz hauen kann.

Jetzt hob sich mir der Magen, das lag nicht an Ecki, es lag am Schock, den die Nachricht ausgelöst hatte. Ich rannte ins Bad und schaffte es gerade noch bis zum Klo, um ein halbes Brötchen und vier Espressi zu erbrechen. So euphorisch und so gern, so heiter und gelassen habe ich noch nie gekotzt.

Und dann legte ich mich auf das mit verschlissenem und hässlichem lilafarbenen Stoff bezogene Sofa und schlief. Das ist meine Art von Schutzschaltung: Im größten Stress, im schlimmsten Streit, wenn alles übersteuert ist, dann gehe ich auf Stand-by und schlafe mich in Deckung.

&

Als ich aufwachte, war mir sofort klar, ich hatte das nicht geträumt, ich musste nicht am Telefon die letzte Nummer aufrufen oder den üblen Geschmack in meinem Mund als Beweis heranziehen, ich konnte mir sofort überlegen, wie ich das Sofa neu beziehen wollte. Ich konnte auch ein neues kaufen, aber das war nicht nötig. Beziehen reichte. Das Sofa war noch gut.

Niemandem etwas sagen, hatte Frau Perides mir eingeschärft, sollte das heißen, auch meiner Frau nicht? Meinte sie, ich müsse mir erst mal überlegen, ob ich sie verlassen wollte? Das wollte ich nicht. Nein, Unsinn, sicher hatte sie nur Nachbarn, Freunde, Familie gemeint, nicht die eigene Frau. Unmöglich, ihr das zu verheimlichen. Ich schämte mich für den Gedanken.

Sie würde sich wie verrückt freuen, sofort Pläne schmieden, sich ein spontanes Fest ausdenken, nur für uns beide, und wenn es ein Picknick am Waldrand mit der teuren Ananas aus dem Feinkostladen, einer Flasche Primitivo für mich und Perrier für Wespe wäre. Wespe ist meine Frau. Sie heißt Regina, will aber seit Jahren nur mit ihrem zweiten Namen Sabine gerufen werden, ich habe sie irgendwann mal Sawespe genannt, als ich sauer auf sie war, und das hat sich dann, zu Wespe verkürzt, eingebürgert. Es passt zu ihr. Schlanke Taille, schöne Erscheinung, gefährlicher Stachel. Sie trinkt nur Tee und Mineralwasser, nie Kaffee, nie Alkohol.

Und sie träumt schon lange davon, ihre Hausarztpraxis abzugeben und ihr Leben mit Studieren, Lesen und Reisen zu verbringen, aber obwohl sie immerhin kontinuierlich verdient, wird es doch mit jeder Gesundheitsreform weniger, und sie arbeitet immer mehr. Seit einiger Zeit fährt sie auch noch Nachtschichten mit dem Notarztwagen. Das zurückgelegte Geld reicht nirgendwohin. Die Steuer, unsere schöne Wohnung, eine anspruchsvolle Garderobe, das alles zehrt von der Substanz. Sie arbeitet viel zu viel, kommt erschöpft nach Hause und hat keine Energie mehr für ein Leben diesseits der Tretmühle. Ich versuchte schon seit Jahren, sie zur Lässigkeit zu überreden, aber ihre Angst, den erreichten Zustand nicht halten zu können, und ihr Misstrauen gegenüber meiner Fähigkeit, mit Geld umzugehen, machten sie harthörig gegenüber meinen Vorschlägen. Und jetzt war ihr Traum in Erfüllung gegangen. Endlich konnte sie so leben, wie sie wollte, musste nicht mehr fürchten, zu verlieren, zu scheitern, abzusteigen. Diese Nachricht war nicht aufschiebbar. Keine Stunde. Keinen Tag.

Glück muss man teilen. Es reicht, wenn man Ärger, Scham und Trauer schluckt, Freude muss raus in die Welt. Dass allerdings Ecki das Arschloch, jetzt ebenso glücklich sein würde wie ich, das war bitter. Ein Webfehler.

&

Ich hatte vor Jahren einen Lottoschein, der von Eckis Schreibtisch geflattert war, auf den Kopierer gelegt und seither seine Zahlen mitgespielt. Er ging mir ständig auf die Nerven mit seiner Begeisterung über diese raffinierte Reihe – wenn sie mal gewinnt, war sein Mantra, dann gewinnt sie richtig –, ein Mathematiker hatte ihm die Zahlen als die am seltensten getippten aufgeschrieben. Die meisten Menschen nehmen Lebensdaten oder machen Muster, und dadurch häufen sich bestimmte Ziffern. Ecki spielte diesen Schein damals schon seit Jahren und hütete ihn argwöhnisch. Nicht argwöhnisch genug allerdings. Nicht für mich.

Er ist der Typ, der vor einem halben Jahrhundert noch nass gekämmte Locken über der attraktiven Affenstirn und ein geziertes Menjoubärtchen unter seiner snobistisch gerümpften Nase getragen hätte. Heutzutage erkennt man die Sorte an zu engen Jacketts mit zwei zu kurzen Schlitzen überm durchtrainierten Knackarsch, Polohemden mit angesagtem Signet und geschmacklosen Armbanduhren, die noch in einer Wassertiefe funktionieren sollen, in der der Kopf ihres Trägers schon längst geplatzt und zu Fischfutter geworden ist.

Ich konnte seine Blenderei und sein Geschwätz schon seit geraumer Zeit nicht mehr ertragen und dachte, als ich den Lottoschein da liegen sah, wenn du absahnst, dann weiß ich, wie viel, und will mein Geld zurück. Er schuldete mir einiges. Von dem er später nichts mehr wissen wollte. Inzwischen ist es verjährt.

Ein Glück, dass ich ihn los bin, dachte ich und strich den Bezug des Sofas glatt. Ganz in Weiß wäre es toll. Das ist allerdings so heikel, dass man den Bezug gleich zweimal kaufen muss, weil einer immer in der Reinigung ist. Aber das mach ich. Weiß.

Und die Billy-Regale fliegen endlich raus.

Und diese mittlerweile scheußlich verdreckten Jalousien aus hauchdünnem Blech.

Und die Vorhangschienen kriegen endlich eine Blende.

Und die Wände einen Anstrich. Vielleicht in Blassrot?

Und ich mache wieder Musik.

Und Wespe kann träumen und reisen. Dann bin ich endlich mein schlechtes Gewissen los, bin endlich der Ritter, der ich immer sein wollte und nur so selten war, der ihr die Welt zu Füßen legt, Geschenke bringt und ihr Glück vollkommen macht.

&

Ich wollte allerdings meine Zeit nicht mit Reisen vertun. Ich wollte arbeiten. Endlich wieder ein klares Ziel haben, ein Ziel mit mehr Würde, als nur den Dispokredit wieder aufzufüllen oder die Zinsen fürs Darlehen ranzuschaffen. Von einer Tilgung hatte ich schon lange nicht mehr zu träumen gewagt.

Ich muss nicht vor den Pyramiden stehen. Oder in Angkor Wat. Ich brauche kein Bali, Patagonien und keinen Grand Canyon zum Glücklichsein. Eigentlich, das wurde mir in diesem Augenblick klar, wollte ich nur mein Leben weiterführen. Ohne Geldsorgen.

Und wenn Wespe sich eine Villa wünschte? Ich liebte unsere Wohnung. Es gab für mich keinen schöneren Ort. Sie hatte schon manchmal gestöhnt, es sei zu eng, man habe für nichts Platz, man müsse jedes halbe Jahr irgendwas ausräumen, weggeben, umsortieren. Mich hat das nie gestört. Es erhält die Schönheit. Mehr Platz verschiebt das Problem nur in die Zukunft. Man hat es ein Jahr später.

Und wenn sie immer nur mit mir verreisen wollte? Wenn sie nicht allein losziehen mochte oder keine passenden Gefährten fand?

&

Das Telefon klingelte. Es war Wespe mit der Versionsnummer. Ich wartete ungeduldig, bis sie ausgeredet hatte, überlegte mir, schon während ich die Zahlen auf ein Stück Notizpapier kritzelte, wie ich ihr eröffnen würde, dass in diesem Augenblick ihr neues Leben anfing, ob ich einfach sagen sollte: »Wir sind reich« oder eher einen Umweg einlegen und so was wie: »Kannst du ein paar Tage freinehmen, ich hab eine Suite im Waldorf« daherplaudern und mich eine Sekunde lang an ihrem Unverständnis weiden, bis ich die Bombe platzen ließe, da hörte ich im Hintergrund einen Schrei, »Frau Doktor! Schnell!«, und Wespe legte nach einem hastigen »Muss Schluss machen, das klingt nach Notfall, tschüss, Daggl« auf.

Sie nannte mich Daggl. Das kommt aus dem Schwäbischen. Ich bin Schwabe. Meine Vorfahren stammen aus Ludwigsburg, und die Verwandtschaft hat ihr beigebracht, dass Dackel ein zärtliches Wort ist.

&

Eigentlich wollte ich das Update herunterladen, aber einmal im Netz, sah ich mir Autos an. Zuerst den Siebener BMW. Von dem träumte ich, seit er auf dem Markt war, obwohl er ein bisschen hässlich und idiotisch teuer ist. Aber er hat Charakter, und ich stellte mir vor, dass er sich großartig fahren würde. Und auf einmal wusste ich nicht mehr, ob es mir ernst damit war. Seltsam.

Solange ich über meine Verhältnisse gelebt hatte, waren diese Limousinen mein Traum gewesen. Bentley, Maybach, BMW, Jaguar, und jetzt, da er in Erfüllung gehen konnte, zuckte ich zurück? Ich versuchte es noch mit Jaguar und Bentley, der Continental GT war doch wundervoll, aber ich wollte ihn nicht. Es wäre peinlich, mit so einer Geldbesitzerschleuder herumzugondeln. Jeder Mensch, den ich gern haben könnte, würde mich verachten. Und jeden, der mich wegen dieses Autos respektieren würde, könnte ich gerade deshalb nicht gern haben. Ich wollte nicht mit Stephanie von Monaco brunchen, mit Heidi Klum segeln oder neben Tina Turner wohnen und keinesfalls mit Donald Trump oder Adnan Kashoggi verwechselt werden. Ein Porsche? Porsche ist schön, aber die Fahrer scheinen mir zu oft ein bisschen betont selbstsicher, als läge ihnen an der Behauptung ihrer Überlegenheit so viel, dass etwas damit nicht stimmen kann. Es gibt auch Ästheten in Porsches, aber die prägen nicht das Bild. Ein Cayenne? Nein, Geländewagen sind neureich für Realschüler. Und Jaguar? Ist nur noch ein verkleideter Ford Mondeo. Das geht auch nicht. Vielleicht ein Lexus? Der ist edel, und niemand weiß es. Aber nein, unmöglich. Null Fehler. Wie der Audi. Null Fehler heißt auch null Charme.

Es regnete nicht mehr. Ich ging raus.

&

Ich nahm mir fest vor, nie zu vergessen, wie ich mich in diesem Augenblick fühlte. Vermutlich waren meine Endorphinreserven alle auf einmal freigesetzt worden und fluteten jeden erreichbaren Rezeptor. Ich war klar im Kopf, und alles schien mir hell und bunt und glänzend. Dies war der schönste Tag in meinem Leben. Eins steht fest, dachte ich, wer auch immer behauptet, Geld mache nicht glücklich, lügt oder täuscht sich. Ich bin glücklich. Wäre dies ein Kinofilm, dann bekäme ich morgen die Nachricht, dass ich Krebs und nur noch ein halbes Jahr zu leben habe. Aber es ist keiner. Ich lebe noch lange. Ohne je wieder Angst vor dem Ruin zu haben, Angst davor, Wespe eines Tages auf der Tasche zu liegen, Angst vor dem Anruf des Bankers, der leider keine andere Möglichkeit mehr sieht, als das Konto zu sperren und auf Ausgleich des Dispokredits zu bestehen. Und dann müsste ich es Wespe sagen, und sie wäre gezwungen, ihr Sicherheitsdepot fürs Alter zu plündern, nur weil ich unfähig war, ausreichend Geld heranzuschaffen. Und ich könnte ihr nicht mehr in die Augen sehen. Das alles hatte ich in den letzten Jahren alle paar Wochen befürchtet und mich irgendwie weitergemauschelt, das alles konnte mir jetzt nicht mehr passieren.

Ich gab jedem Bettler und Straßenmusikanten auf meinem Weg einen Zehner, hatte extra beim Geldautomaten getankt und im Tabakladen einen Fünfziger gewechselt. Ich konnte mein bisheriges Limit vergessen: Jeder kriegt einen Euro, und wenn fünf weg sind, ist Schluss. Jetzt spendierte ich locker die Scheine und musste nicht bei fünfzig aufhören.

Aber nachdem ich mich zum vierten Mal gebückt hatte, um rötliches Papier in eine Mütze oder ein Becherchen zu legen, begann ich, mir peinlich zu werden, und fand mich ostentativ und theatralisch. Als erfüllte ich irgendeine Auflage, und jemand sähe zu. Wer denn? Der liebe Gott? Den nächsten Bettler mied ich, indem ich die Straßenseite wechselte. Und hatte sofort ein schlechtes Gewissen. Und ärgerte mich darüber. Und hatte das nächste schlechte Gewissen wegen des Ärgers.

Dann stand ich vor dem Weinladen, den ich sonst nur auf der Suche nach Geschenken betrat, ging hinein und kaufte zwei Flaschen Salento-Primitivo von 2001. Eine für mich, eine für Voula Perides. Am liebsten würde ich ihr die persönlich überreichen. Und zum Beispiel in einem gemieteten BMW nach Stuttgart gleiten. Der Primitivo ist phantastisch. Er war mir immer zu teuer für mich selbst. Sieben fünfzig.

Nein, ich glaube, der schönste Tag in meinem Leben war der, an dem sich Wespe für mich entschieden hat. Dieser hier war nur der zweitschönste.

&

Noch schimmerte der Boden von der Nässe des vorübergezogenen Schauers, aber der Himmel war schon wieder blau und leer, und die Passanten hatten den Regen ignoriert. Leichte Kleider, offene Hemdkragen, nabelfreie Teenager, oft auch ihre Mütter, denen diese Mode zwar weniger schmeichelte, umso mehr aber blitzte ihnen der Stolz auf sich selbst aus den Augen. Auch wenn das in manchen Fällen von einem Missverständnis zwischen ihnen und ihrem Spiegel herrührte, sich ein Schwimmring über den hüfttiefen Hosenbund wölbte oder der vorgezeigte Bauch nicht unbedingt zum Trumpfass ihrer Anziehungskraft taugte, ich fand es reizend. Ich war glücklich und hatte sie alle gern. Ich setzte mich in ein Straßencafé und versuchte, mir meine Zukunft als Flaneur vorzustellen. Durchaus gern in Florenz, Rom, Venedig, Paris, diese Sorte Reisen würde ich mit Freuden unternehmen. Aber Wespe zog es eher in die Einsamkeit. Und ich wusste nicht, was ich dort sollte. Einen Bergrücken bewundern?

Den Espresso würde ich vielleicht wieder nicht bei mir behalten, aber was soll's, dachte ich, und wenn schon. Kotzen vor Glück. Das hat doch was.

Venedig. Das würde ich Wespe vorschlagen. Zur Feier unseres Reichtums. Wohnen im Danieli und uns gemütlich zwischen all den Kirchen und Museen, die wir besuchten, nach einer Palazzo-Etage umsehen, die wir in Zukunft hin und wieder mieten konnten.

In Florenz das Carlton.

In Rom das Hassler an der Spanischen Treppe.

Und in Paris das George V.

Freunde würden wir dort nicht finden. Vielleicht konnten wir uns einbilden, es wären die Zwanzigerjahre und uns umgäbe nicht nur die Elite des Standes der Geldbeschaffer, -besitzer und -vermehrer, sondern auch geistvolle, kulturinteressierte, in irgendeiner Hinsicht interessante Menschen. Wieso dachte ich eigentlich, alle mit Geld müssten dumm sein? Langweilig? Mir peinlich? Und würde dann so nicht jeder von mir denken, der sieht, was ich mir leisten kann?

Vielleicht sollten wir das alles erst mal beschnuppern und ausprobieren. Wir mussten ja nicht gleich die Welt wechseln – es reichte, dass wir in der anderen zu Gast sein konnten, wann immer uns danach wäre.

Wenn ich ein dickes Auto hätte, musste ich das dann verstecken? Immer ein paar Querstraßen weiter weg parken oder irgendwo eine Garage mieten? Und dann mit hochgeschlagenem Mantelkragen davonhuschen, damit mich kein Nachbar sieht? Quatsch. Oder vielleicht doch kein Quatsch. Es käme auf das Auto an. Mit einem Bentley wäre ich ein Freak. Allerdings hatte mich bisher nicht gekümmert, was die Nachbarn von mir dachten, wieso sollte sich das ändern?

Und wozu überhaupt ein Auto? Ich lebte doch in der Stadt, konnte zu Fuß einkaufen, Bäcker, Supermarkt, Aldi, alles nahebei.

Aldi?

Das war jetzt nicht mehr zwingend.

Wespe brauchte ihren Golf. Ich würde ihr den schönsten Smart, Käfer, Mini oder Klein-BMW schenken. Als Ärztin darf sie kein Protzauto fahren, sonst bestätigt sie das längst überholte Klischee vom reichen Mediziner mit Pferd und Boot und Villa. Aber sie wollte die Praxis ja aufgeben. Dann durfte sie fahren, worauf sie Lust hatte.

Ich konnte doch eine halbe Million für Geschenke reservieren. Jedem, den ich mag, das, was er sich wünscht, frei Haus liefern lassen, mit einem Schleifchen oder einem Kärtchen, auf dem steht, Gruß von Robbi. Aber wer wäre das? Mein Vater, meine Schwestern, ein paar Freunde? Jetzt noch nicht. Frau Perides hatte mich ermahnt, ich solle nichts überstürzen. Gut. Ich überstürzte nichts. Ich dachte nur nach.

Meinem Vater konnte ich gar nichts schenken. Er war irgendwann in seinem Rentnerdasein zum Konsumverächter geworden, nachdem er uns und vor allem unsere Mutter jahrzehntelang mit seinem Geiz verfolgt hatte. Sein Abendvergnügen war es immer gewesen, die Sonderangebote in der Zeitung ausfindig zu machen und für meine Mutter anzustreichen, damit sie am nächsten Tag nicht im Laden um die Ecke, sondern irgendwo in der Stadt achtzig Pfennig sparen würde, die sie dann allerdings für die Busfahrten hinlegen musste. Er war ein Asket der missionarischen Sorte, lebte von Brot, Salami und Tütensuppen, sparte Licht, Wasser, Heizung und Seife und hatte mit seinen Vorträgen darüber, wie man mit Geld umzugehen habe, noch die paar Freunde vergrault, die ihm nicht von allein weggestorben waren. Jedenfalls glaubte ich das. Er hatte einfach keine Wünsche. Höchstens einen Hund. Dem konnte man Befehle geben. Aber das machte sein Vermieter nicht mit, und ein Umzug kam nicht mehr infrage. Eine Reise vielleicht, das Reisen hat er immer geliebt, obwohl er hinterher nur von Strapazen, Zumutungen und Plagen erzählte. Geschenke, wenn er doch mal welche bekam, behandelte er als Angriff auf die Ordnung seines Lebens, reagierte ärgerlich, als belästige man ihn mit etwas, das er dann doch nur wegschmeißen müsse. Nicht mal ein schönerer Fernseher hätte ihn erfreut. Nur Bücher durfte ich ihm mitbringen oder schicken. Jeden Monat sechs bis acht Thriller. Am besten mit Verschwörungshintergrund. Ich tat das schon seit einiger Zeit, musste nur jetzt nicht mehr in den Ramschkisten der Antiquariate stöbern, sondern konnte ganz einfach in der Buchhandlung einsammeln.

Vielleicht ist sein Geiz die Folie, auf der ich um jeden Preis großzügig sein muss. Nein, nicht um jeden Preis. So würde Wespe das vielleicht ausdrücken, aber sie hat nicht recht. Ich bin nicht leichtfertig. Ich bin nur nicht so wie er.

Sollte ich meinen Schwestern je eine Million geben? Das würde Wespe vielleicht nicht gefallen. Es wäre wieder ein Beweis dafür, dass ich noch immer so achtlos mit Geld umging, dass ich noch immer ein Risiko war, ein Unsicherheitsfaktor. Eine halbe vielleicht?

&

Wie oft hatte ich mir das ausgemalt. Mitunter zweimal in der Woche, mittwochnachts und samstagnachts, immer wenn mein Lottoschein in der Schublade hätte zappeln können. Ich hatte nie nach der Ziehung oder am nächsten Morgen darauf nachgesehen, hatte den Schein einfach jeden Monat verlängert und die kleineren Gewinne eingesteckt. Es war ein festes Ritual, so wie man früher am Monatsanfang die Miete zum Vermieter brachte.

Seit einiger Zeit ging alles automatisch – das Geld für den Schein wurde abgebucht, die Gewinne wurden überwiesen.

Immer hatte ich mir vorgestellt, in einem Traumauto die Außenposten meines Lebens abzufahren, als spendabler Glücksbringer überall aufzutauchen, mit einem Scheck zu wedeln und Jauchzer auszulösen. Aber Voula Perides hatte mich gewarnt. Wenn meine Schwestern nun neidisch wären? Trotz der halben Million? Wir sind einander nicht sehr nah, sind keine verschworene Familie, wir brauchen uns nicht, und ich würde weder Sigrid noch Karin in einer Notlage um Geld bitten. Ich glaube, Karin mag mich nicht mal. Sie mochte mich noch nie, schon als Kind hat sie mich wie etwas angesehen, das man abkratzen muss. Aber keinesfalls mit der Hand.

Sigrid, die Ältere, lebt auf einem anderen Stern. Irgendetwas an ihr stammt noch aus den Fünfzigerjahren, vielleicht ist die eine oder andere ihrer Lebensregeln in der Originalformulierung von Peter Kraus oder Caterina Valente in ihrem Gehirn gespeichert. Ich mag sie, aber wir wissen nichts voneinander. Sollte ich einfach ein Testament machen, in dem ich sie beide bedachte? Mal sehen. Langsam. Alles erst mal gut überlegen.

&

Oder anonym? Ich konnte eine Stiftung gründen, die sich diskret und scheinbar neutral da einmischte, wo ich den Nikolaus geben wollte, Kinder in der Dritten Welt unterstützte, meinen Nichten und Neffen das Studium ermöglichte, Sigrid das Haus abzahlte und Karin einen Volvo vor die Tür stellte oder einen lebenslangen Lottoschein in den Briefkasten warf. Das war ein bisschen märchenhaft.

Hollywoodkino. Und ich brauchte dafür einen Menschen, dem ich vertraute, der mich nicht betrog, der die Geschäfte führte, das Stiftungsgeld vermehrte und Gutes tat, wo ich Gutes getan haben wollte. Kannte ich so einen? Vielleicht Yogi. Er war mein Freund, lebte wie ein Rentner, hatte keine Geldsorgen und alle Zeit der Welt, ihm konnte ich vertrauen. Aber würde er mich noch mögen, wenn er wusste, dass ich reich war?

Ich selbst wollte mein Leben nicht als hauptberuflicher Gutmensch bestreiten, ich wollte endlich wieder der Musiker sein, den ich viel zu lange unterdrückt hatte.

&

Mein Handy klingelte. Brauchte ich ein neues? Nein, es gab keine schönen zurzeit, und ich liebe diesen Klingelton. Frau Firnhaber von der Kreuzfahrtgesellschaft bedauerte, mir mitteilen zu müssen, dass die eigentlich mir zugedachte Suite vergeben worden sei und ich mit einer normalen Kabine vorliebnehmen müsse. Das täte ich nicht, sagte ich und bedauerte meinerseits, sie bitten zu müssen, sich wieder zu melden, wenn die Suite frei sei. Das fand sie nicht sehr kooperativ. Ich antwortete ihr, dehnbare Abmachungen seien nicht mein Stil und sollten auch nicht ihrer sein. Und legte auf, nachdem sie ein sehr verschnupftes »Da muss ich Rücksprache halten. Auf Wiedersehen« gebellt hatte. Und genoss den Augenblick. Und bestellte noch einen Espresso. Rücksprache halten, dachte ich, was hat die denn für ein Deutsch.

Der Anruf kam genau richtig, wie in der Werbung, nur dass ich nicht irgendeinem Chef kündigte, sondern ganz entspannt auf dem Respekt bestand, den man mir entgegenbringen soll. Und dass nirgendwo Frank Elstner auftauchte, um das schöne Bild kaputt zu grinsen. Beschämend eigentlich, dass mein Selbstwertgefühl mit dem Kontostand zusammenhing. Ohne den Gewinn hätte ich das klaglos geschluckt. Darüber musste ich noch mal genauer nachdenken. Das gefiel mir nicht. Aber jetzt war das wohlfeil, nein, es war sogar hinfällig, die Gedanken hätte ich mir früher machen müssen. Jetzt hatte ich Geld und konnte nicht mehr so tun, als käme es darauf nicht an. Zu spät.

Frau Firnhaber ist die Marketingleiterin von Panda-Cruise, einer Gesellschaft, die Kreuzfahrten in der Ostsee, ums Nordkap und im Mittelmeer anbietet. Ich sollte für sie den neuen Prospekt schreiben und anstelle eines Honorars meine Frau mitnehmen dürfen. Dafür brauchte es die Suite. Ich wollte Wespe was bieten.

&

Seit ein paar Jahren lebte ich von solchen Jobs. Ich schrieb Kataloge, Folder für Filme oder Anzeigen, auf denen längere, beschreibende oder erzählende Texte gebraucht wurden. Die Aufträge bekam ich von meinem Freund Paul aus Tübingen, der eine kleine und eigentlich immer überlastete Werbeagentur betreibt. Er ist von Haus aus Grafiker, wurde aber von seinen Kunden immer mehr in die Rolle des Werbers gedrängt, weil sie von ihm nicht nur Logo, Layout und Illustration wollten, sondern auch Slogan, Inhalt und ganze Kampagnen. Und wenn es ums Erzählen und Beschreiben ging, dann gab er mir die Jobs.

Ich verdiente damit immer wieder ziemlich gut, aber die Intervalle waren so groß, dass ich oft den Dispokredit überzog. Gut und selten zu verdienen ist nicht die kontofreundlichste Variante. Weniger gut, aber dafür regelmäßig wäre besser. Egal. Schnee von gestern. Auch Disposorgen würden mich in Zukunft nicht mehr plagen.

&

Was ändert sich, dachte ich, alles, manches, nichts oder nur ich selbst? Das Fernsehprogramm schon mal nicht. Auch der tägliche Schock in den Abendnachrichten nicht. Das Wetter nicht, das fade Gedudel im Radio nicht und nicht die Hässlichkeit in den Auslagen der Geschäfte. So gesehen, könnte ich langsam mal wieder runterkommen von meiner aufgeregten Gedankenraserei.

Wenn ich jetzt ein Interview gäbe, was würde ich dann sagen? Der Journalist fragt: »Herr Allmann, was werden Sie sich als Erstes leisten?«, und ich antworte: »Mehr rauchen – es ist so schön teuer geworden.« Aber Voula Perides petzt nicht. Niemand wird mich interviewen. Niemand wird irgendwas von mir wollen, wenn ich die Klappe halte.

&

Vielleicht sollte ich überlegen, was das Wichtigste war, was ich wirklich zum Leben brauchte. Und was Wespe brauchte. Und dann ein bisschen rechnen.

Wespe: Ruhe, Reisen, Sicherheit, eine schöne Umgebung, einen Tisch zum Puzzlelegen, ein großes Zimmer als Kleiderschrank, Bewegung jeden Tag, sonst wird sie deprimiert, mich als Zuhörer, die Freiheit, sich in jedes Buch zu vertiefen, zu träumen, irgendwas zu studieren, überhaupt die Freiheit zu tun, was sie will.

Knapp die Hälfte davon hatte sie schon.

Ich: guten Kaffee, guten Wein, Bücher, eine glückliche Wespe und eine Zukunft als Musiker. Ich würde meinen alten Plan neu verfolgen, ein Album mit Miniaturen aufzunehmen, ein- bis vierzeiligen Liedern, die höchstens eine Minute lang sind, und dann würde ich mir den jüngeren Plan vornehmen, endlich auch mal Instrumentalmusik einzuspielen.

Und meine Freunde. Ich brauchte meine Freunde. Vielleicht mehr denn je. Sie mochten mich schon ohne Reichtum, ihnen konnte ich das auch weiterhin glauben. Tomaten brauchte ich auch. Ohne Tomaten ist die schönste Küche nichts wert.

&

Es hielt mich nicht mehr auf meinem Stuhl im Straßencafé. Mir war noch immer so flatterig im Magen und endorphinös im Hirn, dass ich nicht still sitzen mochte.

Ich musste was kaufen. Die beiden Flaschen Primitivo waren nicht hinreichend repräsentativ für die Bedeutung des Augenblicks, das Wunder, das mir geschehen war. Ein Geschenk für Wespe. Einen iPod. Den wünschte sie sich zum Geburtstag. Da bekäme sie dann einen Monat Venedig. Im Danieli. Oder in einem Palazzo.

War das eine paradoxe Reaktion? Beim Blick in die Schaufenster fielen mir nur Dinge in die Augen, die ich nicht wollte. Ich brauche keine neuen Jacketts oder Anzüge, kein Heimkino, keine andere Espressomaschine und keine Gartenmöbel. Was ich habe, tut's mir, und was ich sah, war mir zu doof, zu hässlich, zu ... ich weiß nicht, was. Konnte es sein, dass Geld schon auf dem Konto als Droge funktioniert? Nein, das konnte eigentlich nicht sein. Geld steht für das, was man sich damit kaufen kann.

Dinge, Prozesse, Zustände, alles hat einen Preis, es ist unlogisch, dass es gerade dann seinen Wert verlieren soll, wenn man es endlich haben kann. Ist das unlogisch?

Ich würde mir auch einen iPod kaufen. Dann kannte ich mich mit der Software aus und konnte für Wespe alles so einrichten, wie sie es haben wollte. Es würde ja ohnehin darauf hinauslaufen, dass ich den Operator gab.

Ich muss was essen, dachte ich, ein Sandwich oder eine Brezel, sonst kommt mein Magen heute nicht mehr in Ordnung.

&

Zu den beiden iPods kaufte ich auch gleich noch gute Kopfhörer, dann ging ich im selben Kaufhaus in die Lebensmittelabteilung, nahm Pfifferlinge, Tagliatelle, Salat und etwas Käse mit und machte mich auf den Weg zurück zu meinem Studio.

Ich war tagsüber immer dort. In diesen beiden nicht sehr großen Räumen ist alles geblieben, was in unserer gemeinsamen Wohnung weder Platz noch Gnade fand, mein Computer, das Keyboard, die Gitarren, Ordner, Drucker, Fax und Tausende von Büchern, CDs und Platten. So gesehen, hatte der Teufel durchaus auf den größeren Haufen geschissen. Ich war kein armer Schlucker. Im Film wäre ich ein Penner gewesen, der jetzt den glänzenden Aufstieg in die besten Kreise hinlegt – ich war ein Mittelschichtler, der seit langem über seine Verhältnisse lebte und sich jetzt nur endlich das, was er sich schon immer geleistet hat, auch leisten konnte.

Das Studio bewohnte ich schon seit Jahren. Ursprünglich war es das Büro einer Druckerei gewesen, deren Halle inzwischen von einer Spedition genutzt wird, dann die

Wohnung des Nachtwächters, dann mein Schlupfwinkel. Eine Zeit lang lebte Wespe bei mir, aber die hässliche und laute Umgebung, eine Schlosserwerkstatt, eine Schreinerei, die Spedition, Kegelbahn und Imbissbude, das alles raubte ihr den letzten Nerv, sodass wir, sobald es möglich war, in eine ruhige Gegend zogen.

Damals, in den Zeiten der Start-ups, verdiente ich gut, ich schrieb mehrere Kataloge für junge Versandfirmen, die es mit Manufactum aufnehmen wollten, und es schien, als könnten wir uns den Kauf einer Wohnung leisten. Also behielt ich meinen bezahlbaren Schlupfwinkel, denn dort störte es niemanden, wenn ich Musik machte, und ich musste nicht auf das kreative Chaos aus Geräten, Instrumenten, Postern, Fotos und angesammelten Erinnerungen verzichten, das in unsere schöne, ruhige Bürgerwelt nicht mehr gepasst hätte.

Ich deponierte eine Flasche Primitivo und einen iPod auf meinem Schreibtisch, schaltete den Anrufbeantworter ein, den Computer aus, schloss die Fenster und ging los. Es sind fast zwei Kilometer zu unserer Wohnung, die ging ich immer zu Fuß. Auch wenn ich meistens, wie an diesem Abend, eine Tasche voller Einkäufe zu tragen hatte. Ich habe es nie geschafft, planvoll einzukaufen, einen Speiseplan für die ganze Woche zu machen, nur Getränke und Waschmittel oder andere schwere Sachen holte ich mit Wespes Golf, den Rest spontan und zu Fuß.

&

Zuerst hatte ich vor, den iPod neben ihren Teller zu legen, aber dann versteckte ich ihn in meiner Sockenschublade – ich würde ihn beim Essen überreichen. Und spätestens dann, falls ich es schaffte, so lange den Mund zu halten, wollte ich die Verkündigung unserer sorgenfreien Zukunft zelebrieren. Wir beide hatten schwere Zeiten durchgestanden, jetzt waren die guten dran.

&

Die Pfifferlinge hatte ich geputzt und geschnitten, Nudelwasser aufgesetzt, Salat gewaschen, den Tisch gedeckt, alles war fertig, und ich hörte Wespes müde Schritte auf der Treppe. Ich ging ihr entgegen, öffnete die Tür, küsste sie, nahm ihr die Tasche ab und hängte sie an den Haken im Flur, während sie sich die Schuhe auszog und stöhnte. Das tut sie oft. Sie stöhnt erst mal, wenn sie nach Hause kommt.

»Daggl, ich bin fertig wie noch was«, sagte sie, dann warf sie einen Blick in die Küche, schnurrte »mhmmm, Pfiffis« und ging in ihr Zimmer, um sich dort aufs Bett zu werfen.

Es war eine Art Countdown. Als ich die Nudeln ins sprudelnde Wasser gleiten ließ, blieben noch elf Minuten bis zu Wespes Freudenjauchzern, als ich die Pilze in die heiße Butter gab, noch etwa sechs, als ich den Salat anmachte, noch zwei, und als ich serviert hatte und »Essen fertig« rief, noch eine.

Sie ließ mich warten. Aus irgendeinem Grund tut sie das gern – alles ist fertig, alles ist heiß, steht auf dem Tisch und will auf die Teller, und sie hat es nicht eilig. Ich setzte mich trotzdem. Und trank einen Schluck Wein. Er war so gut, wie ich erwartet hatte. Dann kam sie, setzte sich, nahm ein paar Nudeln aus der Schüssel und aß sie. Dann noch ein paar. Auch so eine Angewohnheit von ihr. Nudeln ohne alles zu essen. An einem anderen Tag wäre ich vielleicht schon ärgerlich geworden, dass sie mich so überdeutlich warten lässt, meine Höflichkeit strapaziert, obwohl sie doch weiß, dass ich mir nicht zuerst den Teller vollladen will. Und schon gar nicht mit dem Essen anfangen, bevor sie alles hat und »guten Appetit« sagt. Heute war es mir egal. Ich wartete, bis sie sich endlich auftat, und nahm mir dann ebenfalls Nudeln, Pilze, Salat.

»Ich hab die Kreuzfahrt geschmissen«, sagte ich.

»Wieso das denn?«

»Die hatten die Suite gestrichen. Auf einmal gab's nur noch eine normale Kabine.«

»Na und?«

»Ich wollte dir die Suite bieten. Das volle Verwöhnprogramm. Nicht nur eine orangefarbene Innenpofe mit Nasszelle aus Plastik.«

Sie sagte nichts. Und sah mich nicht an. Und stützte den Kopf in die linke Hand, was ich hasse. Vielleicht, weil sie es nur dann tut, wenn sie wütend ist. Und sie stocherte in ihren Pilzen herum, ohne was zu essen.

»Was ist«, fragte ich, »findest du das falsch? Hätte ich nicht absagen sollen? Ich wollte nicht so mit mir umgehen lassen. Und ich wollte, dass du es richtig schön hast.«

Sie sah mich an wie etwas Glibbriges ohne Beine und Gesicht, von dem sie fürchtet, es könne auf sie zukriechen. Dann knallte sie die Gabel auf den Teller, stand auf, ging in ihr Zimmer, und bevor sie die Tür zuschlug, sagte sie noch so sarkastisch wie möglich: »Du hast es ja so dicke, das kannst du dir ja locker leisten.« Es war nicht sehr gekonnt, ich meine den Sarkasmus, aber in solchen Fällen zählt die Absicht. Man ist schon verletzt, wenn man weiß, dass der andere das will.

Ich hatte keinen Hunger mehr.

Ich ließ alles stehen, wie es war, trank den Wein aus, nahm mein Jackett vom Haken und ging. Sollte sie das schöne Essen ins Klo spülen, falls sie noch einmal die Nase aus ihrem Zimmer strecken würde. Von mir aus morgen früh. Ich war so wütend, dass ich mir vornahm, im Studio zu schlafen.

&

Das war nun aber gründlich schiefgegangen. Eine Wutexplosion aus dem Nichts. Ich kenne das bei ihr, sie ist jähzornig und kann von einer Sekunde zur nächsten aus der Fassung geraten. Aber ich hätte doch noch einlenken können. Es wenigstens versuchen. Schließlich hatte ich ein Geschenk und eine sensationelle Glücksbotschaft in petto. Ich hätte nicht gleich mit ausrasten müssen.

Das ist ein Reflex. Wenn sie mich so voller Abscheu ansieht, bin auch ich im Sekundenbruchteil starr vor Wut. Ich erscheine eiskalt, aber ich ertrage es nicht, dass man mich so ansieht. Ich bin ein Mensch, kein Auswurf. Wir sind schon lange verheiratet, die Haut ist dünn an manchen Stellen.

Normalerweise bin ich verzweifelt, wenn so was passiert, diesmal war ich es nicht. Ich nahm es als Unfall. Ich musste nur warten, bis mein Ärger abgeflaut war, dann würde ich anrufen und meine gute Nachricht loswerden.

Als ich im Studio ankam, bedauerte ich, dass ich nicht so geistesgegenwärtig gewesen war, den angebrochenen Wein mitzunehmen. Jetzt musste ich Voulas Flasche öffnen. Und ihr morgen eine neue holen.

In der Hoffnung, dadurch meinen Ärger schneller zu vergessen, suchte ich im Internet nach Luxusautos, die man mieten konnte. In Frankfurt oder Düsseldorf gab es das, aber hier in Freiburg fand ich nichts oberhalb von Fünfer-BMW oder E-Klasse-Mercedes. Das Glamuröseste war noch ein Jaguar S. Vielleicht musste man die Händler fragen. Oder sich in der Schweiz umsehen.

Ich rief an, aber es meldete sich nur der Anrufbeantworter, also sprach ich drauf: »Wespe, falls du noch sauer bist, krieg dich bitte schnell wieder ein, und ruf mich an, weil, ich hab nämlich eine gute Neui…«, weiter kam ich nicht, denn sie nahm ab und schrie: »Lass mich in Ruh. Ich brauch überhaupt keine Nachrichten von dir, ich hab's nämlich satt!« Und dann war die Leitung unterbrochen. Sicher hatte sie den Hörer so aufgeknallt, dass ihr das Handgelenk wehtat. Und vielleicht sogar das schöne Siedle-Telefon zersplittert war.

Ich wollte gegen ein Tischbein treten, so wütend war ich, aber ich unterdrückte den Impuls, weil ich wusste, ich käme mir im selben Augenblick lächerlich vor.

&

Am liebsten wäre ich einfach in den nächsten Nachtzug gestiegen, egal, ob nach Berlin, Mailand oder Paris, nur weg von hier, aber ich musste anderntags ein Konto eröffnen. Ich durfte mein bisheriges nicht mehr viel weiter überziehen, also sollte erst mal die Reichtumsfrage geklärt werden, bevor ich mir die spontanen Sperenzchen, die in Zukunft mein Markenzeichen werden konnten, leisten würde.

Ich hatte Hunger. Und kein Brot mehr. Auch die Tütensuppen, die ich manchmal zu Mittag aß, waren aufgebraucht, es gab im Kühlschrank nur ein paar Oliven und Senf. Ich musste raus.

Unterwegs Richtung Innenstadt, wählte ich Yogis Nummer auf dem Handy. Vielleicht hatte er ja Lust, mit mir essen zu gehen. Aber noch bevor ich das Freizeichen hörte, unterbrach ich die Verbindung wieder; Yogi war zwar mein Freund, aber ihm jetzt was vorzujammern wäre unfair gewesen. Eheprobleme sind einfach kein Gesprächsthema. Was kann man schon sagen, wenn einer sein Unglück ausbreitet? Morgen ist auch noch ein Tag? Außerdem war ich mir nicht sicher, ob ich vor Yogi meinen Gewinn geheim halten konnte. Vermutlich würde ich losplappern, ihn um Rat fragen, was man mit so viel Geld macht, ihm den Job als Präsident meiner Stiftung antragen, ihm von Ecki erzählen, ich würde ihn ersatzweise für Wespe mit meinem Glück überschütten. Lieber nicht.

Weil ich auf Pfifferlinge eingestellt war, ließ ich alle Italiener, Chinesen und Fusion-Restaurants unbeachtet und wollte in eins der gutbürgerlichen Lokale im Umkreis des Münsters. Dort war es mir aber dann zu zahnärztlich, anwaltlich, geschäftsleutig, da wollte ich nicht dazwischen. In solcher Umgebung ist es noch mal so bitter, allein zu essen. Es sei denn, man säße draußen in der ersten Reihe mit all den anderen Gästen im Rücken. Aber es war eine warme Nacht und kein schöner Platz mehr frei.

Schließlich landete ich vor dem Theater, wo ich Spaghetti aglio olio bekam und das abendliche Leben auf der Kreuzung und an der Straßenbahnhaltestelle betrachten konnte.

&

Manchmal passierte das. Wespe rastete so aus, dass man kurzfristig nicht mehr Frieden schließen konnte. Ich musste bis zum nächsten Abend warten, dann vielleicht mit einem Blumenstrauß auf dem Tisch und Curryreis auf dem Teller so tun, als wenn nichts wäre. Dann ginge das Leben ganz normal weiter. So legten wir inzwischen unsere Differenzen bei. Diskutieren, Argumentieren, Erklären hatten wir längst, weil es unergiebig war, als Schlichtungsmethode verworfen. Es führte nur zu neuem Streit. Übergehen, vergessen, weitermachen – das war unser Trick. Und der funktionierte nun schon seit Jahren.

Mein Hochgefühl hatte den Ärger nicht überstanden. Jetzt war das Bewusstsein, dass ich in den nächsten Tagen schon unglaublich viel Geld haben würde, fern und klein und marginal, es spielte keine Rolle. Das Geld hatte Wespe nicht vor ihrem Zorn und mich nicht vor ihrem Abscheu geschützt.

Nein, das war falsch. Noch wusste sie nichts davon. Vielleicht hätte sie dann anders reagiert? Vielleicht war dieser Zorn eine Folge ihrer Überlastung und Lebensangst? Beides konnte der Vergangenheit angehören, wenn sie sich reich wüsste und entspannt wäre.

Aber vielleicht würde sie sich auch nur zusammenreißen und nichts mehr anmerken lassen, weil sie nicht riskieren wollte, mich und damit das Geld zu verlieren. Wir hatten vor Jahren Gütertrennung vereinbart, weil ich das ewige Argument leid gewesen war, ich riskierte ihre Sicherheit mit meinem Finanzgebaren. Ohne diese Gütertrennung besäße sie jetzt drei Millionen. Ich konnte ihr die allerdings auch schenken. Ja, das war das Richtige. Das würde ich tun. Aber vorher den Steuerberater fragen, ob das Ganze dann nicht Schenkungssteuer kostet. Wir konnten ja auch die Gütertrennung wieder aufheben. Andererseits, was sprach dagegen, Steuer zu zahlen? Ich wäre stolz drauf. Ein nützliches Mitglied der Gesellschaft.

&

Jetzt dachte ich schon den ganzen Tag über Geld nach. Über Dinge, die ich kaufen konnte, Menschen, die sich ändern konnten, Reisen, Spenden, Geschenke, Luxus. Man ist darauf nicht vorbereitet. Obwohl man doch ein Leben lang träumt, hat man keine Ahnung und kein Handwerk, wenn sich dieser Traum erfüllt.

&

Ich bin ein Vielleser, schon als Kind habe ich mehr in Büchern erlebt als draußen vor der Tür. Und das ist so geblieben. Die großen Gefühle, die kleinen Gemeinheiten, ferne Länder, fremde Kulturen, Erschütterungen, Menschenkenntnis – ein Großteil all dessen kam aus Büchern in mein Leben. Aber über Geld habe ich nicht viel gelernt. Das mochte an meiner Auswahl liegen, Größen des Kanons wie Dostojewski ließ ich links liegen, weil ich das Vorurteil hegte, ihnen fehle die Kraft der Verführung, das Fesselnde, das, was mich in ihnen verschwinden ließe und am Ende verwundert und erschöpft wie nach einem guten Film wieder zurück in die Wirklichkeit entließe.

In den schlechteren Büchern gab es zwar luxuriöse Verhältnisse zu bestaunen, aber je besser das Buch, desto eher war Geld, wenn es überhaupt vorkam, nur beim Bösewicht. Beim Gegner. Oder es spielte keine Rolle.

Liegt das daran, dass Geld nichts ist, was der Schriftsteller wirklich kennt, oder sind sich alle einig, dass es eben pfui ist? Meines würde nicht pfui sein. Es würde hier und da helfen, Wespe glücklich machen, mich wieder in die Lage versetzen zu musizieren und zum Beispiel hundert Kindern in der armen Welt eine Schulbildung, Wasser und Medizin und ein Dach auf dem Haus ihrer Eltern garantieren.

Mal angenommen, ich bekäme drei Prozent Zinsen. Drei Prozent von sechs Millionen sind hundertachtzigtausend, davon knapp die Hälfte Steuern, bleiben über neunzig – ein Kind zu unterstützen kostet fünfundzwanzig im Monat, dreihundert im Jahr, also kosten hundert Kinder dreißigtausend –, dann hätte ich ein Zinseinkommen von mehr als sechzig für mich. Nicht übel. Fünftausend im Monat.

Halt. Die Hälfte nur. Ich wollte doch Wespe beschenken. Egal. Hundert Kinder waren drin. Ich musste ja nicht von den Zinsen leben. Ein bisschen von der Substanz durfte auch abblättern. Und wenn ich es richtig anlegte, würden auch mehr als drei Prozent anfallen.

&

Ich ging zum Bahnhof. Nicht, um einen Nachtzug zu erwischen, sondern um nebenan ins Kagan, die schickste Bar der Stadt, zu gehen. Ich war dort selten, vielleicht dreimal bisher, weil ich Schickeria nur als Zaungast genießen kann, aber jetzt war mir zaungastlich zumute, und falls mich der Anblick der Gäste nicht unterhielte, konnte ich noch immer aus dem Fenster über die Gleise, über die Stadt nach Süden schauen. Die Bar liegt im siebzehnten Stock eines Hochhauses.

Der Türsteher ließ mich nicht rein.

Ich musste lachen, als der dickliche Stoppelkopf in seinem zu engen Anzug den Arm vor mir ausstreckte und sagte: »Tut mir leid, wir sind voll.« Schon wieder so ein Klassiker. Jetzt musste ich den Laden kaufen und den armen Kerl feuern. So jedenfalls würde es im Hollywoodmärchen sein. Ich drehte nur um und ging nach Hause. Noch gestern hätte mich das gekränkt. Heute amüsierte es mich.

Das wäre eine recht kleingeistige Art, seinen Reichtum zu vertun, sich für jede Kränkung mit exorbitantem Geldeinsatz zu rächen. Aber wer weiß, vielleicht käme man so an ein Sammelsurium gut gehender Geschäfte? Diskotheken, Bars, Restaurants. Das wäre eine mögliche Wendung im Hollywoodmärchen. Der Held hat auf einmal Verantwortung, Angestellte, der Türsteher wird wieder engagiert, weil er seinen Job gut macht. Mal hier und da einen Reichling zu übersehen ist kein Drama.

&

Ich beschäftigte mich noch eine Zeit lang mit dem iPod, bis ich müde wurde. Dann legte ich mich auf mein lilafarbenes Sofa und tat etwas, das ich seit mehr als zwanzig Jahren nicht mehr getan hatte. Ich legte das erste Cohen-Album auf und ließ mich von der Musik in den Schlaf wiegen. Früher war ich immer spätestens bei »Sisters of Mercy« eingeschlafen, aber diesmal genoss ich es so sehr, dass ich durchhielt bis irgendwo in »Stories of the Street«. Daran erinnerte ich mich jedenfalls am nächsten Morgen noch.

&

Frühstück im Café. Zur Einstimmung auf mein zukünftiges Flaneursleben. Aber wo? Da, wo das Ambiente noch einen Rest Würde bewahrt hat, ist der Cappuccino nicht besonders, da, wo er leidlich schmeckt, sitzt man vor den Schaufenstern eines Wohnaccessoire- oder Sportgeschäfts und kann die Rucksäcke der Passanten zählen, und am einzigen Ort, wo er wirklich gut ist, muss man anstehen, eine Einrichtung wie im Kindergarten übersehen und findet draußen, wo man rauchen darf, keinen Platz. Und der Blick auf einen Drogeriemarkt lässt sich nur vermeiden, indem man sich in der Zeitung vergräbt. Also der Kompromiss: Sportgeschäft, Rucksäcke und Sitzplatz im Schatten. Und Orangensaft, Espresso und Schinkentoast.

Vielleicht kommt der Rucksack ja wieder aus der Mode, jetzt, wo sich der aufstrebende Jungislamist einen zulegt, um damit an den Fetzen möglichst vieler Ungläubiger vorbei direkt ins Paradies zu fliegen, aber selbst wenn das passieren sollte, bis nach Freiburg würde sich's nicht schnell genug herumsprechen, um mir noch zu Lebzeiten Freude zu machen. Hier hat die Mode keinen allzu breiten Fuß in der Tür. Die meisten Menschen zwischen zwanzig und sechzig kleiden sich noch so wie damals, als man Wyhl verhinderte und die Grünen gründete. Jeansjäckchen, Leggins, Birkenstock. Nur die Teenager, die sehen wieder aus wie in den frühen Sechzigerjahren. Dreißig Gramm Make-up, Puder, Kajal und Lippenstift pro Britney-Spears-Maske. Die wiegen sich morgens bestimmt vor dem Schminken, um nicht konstant falsche Werte in ihr Kotztagebuch einzutragen.

Na und? Ich kann nach Rom ziehen, wenn ich's eleganter haben will. Und wenn Wespe mitmacht.

&

»Zwei Badener knacken Jackpot«, stand im Vermischten, also war es wirklich Ecki, mit dem ich mir den Gewinn teilte. Heidelberg liegt in Baden. Natürlich könnte irgendwer diese Zahlen getippt haben, aber ich war mir sicher, dass Ecki seinen heiligen Schein nie aufgegeben hatte. Er war es. Und ich hatte ihm die Hälfte abgenommen. Das war einfach gut. Sehr gut.

Ich bin für meine Viertelstunde berühmt, dachte ich. Wenn auch anonym. Aber wenn ich so weitermache, werde ich zumindest in Bettlerkreisen ein Star. Heute habe ich schon drei Zehner verteilt – spätestens wenn sie herausgefunden haben, wo ich jeden Tag langgehe, und sich dort sammeln, muss ich mir was überlegen. Vielleicht für jeden ein Konto einrichten, das ich einmal im Monat auffülle. Das muss ich auch mal ausrechnen. Nicht, dass ich in zehn Jahren meine Hälfte verputzt habe. Ich will noch länger gut leben. Zehn Bettler pro Tag – hundert Euro – dreitausend im Monat – sechsunddreißigtausend im Jahr – dreihundertsechzigtausend in zehn Jahren. Das ist ein bisschen viel. Vielleicht geh ich doch wieder auf fünf runter. Die Musiker hab ich noch gar nicht eingerechnet.

Das ist doch erstaunlich, wie gut ich auf einmal rechnen kann. Nein, eigentlich ist es nicht erstaunlich. Ich habe geübt. Ich musste die letzten Jahre immer rechnen. Nein, noch mal falsch. Nicht die letzten Jahre. Ich musste immer rechnen. Die Gagen für die Band teilen, die Honorare für meine Agenturklienten, ich bin jahraus, jahrein damit beschäftigt gewesen. Ich wollte nur nie kleinlich sein.

Vielleicht gebe ich nur Straßenmusikern was, die gut spielen. Das gesparte Geld habe ich dann für die ehrlichen Bettler, die erst gar nicht so tun, als böten sie einen Gegenwert an, der dann doch nur Lärm oder Schund ist. Uaah, diese Arroganz steht mir nicht mehr zu. Ich bin reich. Ich muss jetzt gütig sein. Alles andere wäre ein grober Stilfehler.

&

Herr Markert, auf dessen Schreibtisch ein Schildchen mit der Aufschrift »Vermögensberatung, Kontoführung« stand, erklärte mir in knappen Worten, dass drei Prozent auf Tagesgeld nicht drin seien. Die Bank bekomme ihr Geld derzeit für zwei Komma zwei fünf, er könne mir höchstens zwei Komma fünf bieten, das sei schon ein Zusatzgeschäft, aber man wolle mich gern als Kunden gewinnen et cetera.

»Hängt das nicht von der Summe ab?«, fragte ich. »Lässt sich da nichts dran drehen, wenn sie hoch genug ist?«

»Wie hoch denn?«

»Sechs Komma zwei.«

»Tausend?«

»Millionen.«

»Ach, Sie sind das?« Er grinste bis an die Ohren. »Herzlichen Glückwunsch.«

»Ich bin hier, weil ich Diskretion brauche. Sagen Sie bloß keinem was von mir.«

»Das tu ich natürlich nicht. Aber ich freue mich, dass Sie unser Haus wählen. Selbstverständlich haben wir ein breites Angebot an Anlagestrategien, die ganz andere Renditen ermöglichen und die ich Ihnen gern erläutern möchte.«

»Erst mal nur die zwei Komma fünf. Dann denk ich nach. Dann melde ich mich.«

Das Konto war schnell eröffnet. Es dauerte etwa zehn Minuten. Jetzt musste nur noch der Inhalt her.

&

»Lotto Baden-Württemberg, Sie sprechen mit Voula Perides, was kann ich für Sie tun?«

»Hallo, Frau Perides, ich bin's, Allmann. Der Glückliche von gestern. Ich habe jetzt ein Konto.«

»Hallo, Herr Allmann, Sie klingen gut. Wie geht's Ihnen?«

»Den Umständen entsprechend großartig. Ich beneide mich selbst.«

»Das ist schön. Wenn Sie mir Ihre Bankverbindung diktieren und dann per Post-Ident Ihren Ausweis beglaubigen und die Beglaubigung mir zukommen lassen, überweisen wir das Geld sofort.«

Ich diktierte. Sie wiederholte die Daten und diktierte mir ihrerseits die Adresse für den Identitätsnachweis. Ich steckte den Zettel ein und fragte: »Darf ich Ihnen die Flasche Wein persönlich überreichen, oder bestehen Sie darauf, dass ich sie schicke? Es hätte den Vorteil, dass Sie ihn gleich am Abend trinken könnten. Wenn ich ihn schicke, ist er so durchgeschüttelt, dass er mindestens zwei Wochen liegen muss.«

»Sie wollen dafür extra nach Stuttgart fahren?«

»Ja. Probefahrt. Neues Auto.«

»Na ja. Ich habe so was, ehrlich gesagt, noch nicht erlebt, aber wenn Sie wollen, treffen wir uns morgen nach Feierabend im Künstlerbund. Am Schlossplatz. Da gibt es ein nettes Café. Gegen sechs könnte ich da sein.«

»Gut. Sechs Uhr im Künstlerbund.«

»Und wie erkenne ich Sie?«

»An einer Flasche Rotwein. Ungeöffnet. Kein Glas daneben. Außerdem bin ich einsachtzig, habe graue Schläfen, braune Augen, dunkles Haar und ein schwarzes Jackett mit weißen Punkten.«

»Okay. Und mich erkennen Sie im Zweifelsfall am suchenden Blick.«

»Und darf ich nicht vielleicht doch noch ein klitzekleines Cabrio dazulegen?«

»Nein. Nur den Wein. Bis morgen dann.«

»Okay. Wiedersehn.«

Sie legte zuerst auf. Ich konnte durch den Hörer sehen, wie sie gleichermaßen gerührt und skeptisch den Kopf dabei schüttelte. Vielleicht sagte sie jetzt in diesem Moment zu einer Kollegin, da ist ein Gewinner, der mich anbaggert. Aber das war es nicht. Ich wollte ihr ein Geschenk machen. Mein Wort halten. Nichts sonst.

&

Ich kaufte den Primitivo, einen Blumenstrauß für Wespe, Ranunkeln, Gerbera, drei Rosen, zwei lachsrot, eine noch blasser, eine bläuliche Lilie, weißes Gefissel und grünes Gefissel – wenn man die Augen zusammenkniff, konnte man glauben, ein Bild von Redon vor sich zu haben. Dann holte ich noch Kartoffeln und Gemüse für eine Ratatouille, die ich heute Abend machen wollte, brachte alles in mein Studio, legte die Blumen ins Waschbecken, ließ ein bisschen Wasser ein, machte mir einen Espresso und überlegte, was jetzt Priorität hätte. BMW oder Musikladen. Ich rief mir ein Taxi und fuhr zu BMW.

Sie hatten einen schwarzen, gebraucht, mit vierzehntausend Kilometern, eine rührend plumpe Riesenmaus. Ich fand ihn wunderbar.

Gegen eine Kaution von fünftausend, die ich mit meiner Kreditkarte bezahlte, konnte ich ihn drei Tage zur Probe fahren. Mein Ausweis und mein Auftreten hätten den Verkäufer wohl schon alleine davon überzeugt, dass die Probefahrt nicht in die Ukraine gehen würde, aber ich war ihm außerdem noch als Kunde bekannt, weil ich mit Wespe vor einem Jahr den gebrauchten Golf hier gekauft hatte. Er schien erfreut, mich, offensichtlich wohlhabender als zuvor, wiederzusehen.

Der Wagen fuhr sich phantastisch. Wenn nicht in den nächsten Tagen eine Tür abfallen oder die Elektronik abrauchen würde, dann wollte ich diese Riesenmaus haben. Es war wie im Kino. Draußen sichtbar die echte Welt oder etwas, das ihr verblüffend ähnelte, und drinnen schwarzer, weicher Komfort, ein Duft nach Tee und Leder, Stille, allenfalls ein mildes Rauschen, wenn ich schnell fuhr, ein entferntes Grollen, wenn ich beschleunigte, ein entspanntes Schweben durch eine nahezu geräuschlose, kulissenhafte Szenerie. Ein Bodenraumschiff. Das Weltall für Selbstzahler.

Ich schwebte mal eben nach Basel. Drehte dort aber wieder um. Aussteigen kam jetzt nicht infrage.

Zurück in Freiburg, hatte ich Mühe, die Riesenmaus durch die schmale Einfahrt ins Parkhaus zu bugsieren. Mit einem Bentley hätte ich hier wohl keine Chance. Und dann das Einparken. Alles nach Geräusch. Es piepste und pfiff, sehen konnte ich nichts, aber ich schaffte es ohne Kratzer und Geschepper. Und ich schwitzte. Und dann genoss ich das Fallaropp-Geräusch der Zentralverriegelung, das sanfte Ausgehen des Lichts im Fond und das zarte Klicken irgendwo im Innern des Motors, während neben mir ein Audi-Kombi wegfuhr und direkt danach ein Saab-Cabrio einparkte.

Eine lockige Frau mit Stirnband stieg aus, sah mich an, schloss ihr Auto ab und ging ein paar Schritte, drehte sich dann zu mir um und sagte: »Das ist ein Frauenparkplatz.«

»Hätten Sie den gewollt?«, sagte ich. »Sollen wir tauschen?« Ich wäre nur zu gern bereit gewesen, die Maus noch mal zu rangieren. Das Gepiepse kannte ich ja nun schon, und diesmal würde ich nicht mehr schwitzen, aber sie zuckte die Schultern, schüttelte den Kopf und ging wortlos weiter.

War das eine freche Antwort gewesen? Hätte es nicht sein sollen. Ich ärgerte mich über ihre Unhöflichkeit und gleich auch noch darüber, dass die ganze Etage, wie ich jetzt sah, als Frauenparkplätze ausgewiesen war. Was, wenn ich dringend aufs Klo müsste? Mir den Fuß verstaucht hätte? Oder Panikattacken im Parkhaus? Ich rief ihr hinterher: »Wo sind denn die Raucherparkplätze?«, aber sie drehte sich nicht mehr um, hielt ihre Schultern gerade, den Kopf erhoben, ihre ganze Haltung ein einziges Ausrufezeichen hinter dem unsichtbaren Wort Verachtung.

Ich stieg wieder ein und kurvte durch drei Stockwerke, bis ich einen Parkplatz fand, den mir niemand übel nehmen konnte. Ich war seit Jahren nicht mehr im Parkhaus gewesen, ich wusste nicht, dass inzwischen ganze Etagen für Männer verboten sind.

Man müsste einen kleinen Trupp zusammenstellen und im Handstreich eine Ebene mit Schildern »Männerparkplatz« bekleben. Oder besprühen. Aber dann schnell weg, sonst ist die Polizei da und kriegt einen wegen Sachbeschädigung dran.

Und wie wär's mit »Whites only«? Das käme noch einen Zacken klarer rüber. Sollte man mal beim städtischen Männerbeauftragten zur Sprache bringen. Das wäre doch was für meine Stiftung. Einen Männerbeauftragten spendieren. Mit Büro und allem. Da wäre ich in Sekunden unten durch in dieser Stadt. Ein hehres Ziel für einen aufrechten Querulanten. Ich war noch immer wütend auf diese unhöfliche Frau.

&

Wenn ich schon nach Stuttgart fuhr, dann konnte ich auch in Esslingen bei meinem Vater vorbei. Er zeigte es zwar nie, aber ich wusste, dass er sich über Besuch freute, und ich hatte ein leises Dauerschlechtgewissen, weil ich nicht oft genug dort war. Meine Schwestern wohnen weiter weg, Sigrid in Berlin, Karin bei Hannover. Unser Vater wurde alt, nein, er war längst alt, und einsam war er auch, weil ihm nichts und niemand mehr passte. Er hatte zu wenig Gesellschaft.

Bücher.

&

Bis vor drei Jahren habe ich alle Bücher in der Sirene-Buchhandlung in der Gartenstraße gekauft – Irene, die Buchhändlerin, und ihre Lebensgefährtin Carla waren alte Freundinnen von Wespe –, aber als ich herausfand, dass Carla nicht nur ständig an Wespe herumbaggerte, sondern auch irgendwann mich, um ihre Chancen zu verbessern, als Schürzenjäger darstellte, der nichts anbrennen lässt und Wespe hintergeht, wo er kann, da war ich so sauer, dass ich beschloss, den Laden nicht mehr zu betreten, solange Carla ihre Finger drin hatte. Das Baggern hätte mir nichts ausgemacht – ich bin stolz auf meine schöne, kluge Frau und kann jeden verstehen, der scharf auf sie ist –, aber die Lügen über mich hatten irgendwann bei Wespe verfangen und mich in die grässliche Lage gebracht, meine Unschuld nachweisen zu sollen. Wer solche Situationen kennt, weiß, dass man das nicht kann. Man bettelt um Vertrauen, beschwört den anderen, einem zu glauben, und klingt dabei verlogen wie ein niederträchtiger Casanova. Es war furchtbar. Carla ist eine miese Intrigantin. Ich wünsche ihr die Krätze.

Dabei spielte ich weiterhin regelmäßig Skat mit Irene und Yogi. Wir redeten einfach nichts Persönliches mehr, jedenfalls nichts, was sich auf Carla beziehen ließ. Yogi versuchte ständig, uns zu versöhnen. Damit ging er mir zwar auf die Nerven, aber ich konnte ihm nicht böse sein. Er ist hartnäckig und naiv und kann nicht anders.

Irene nahm mir übel, dass ich alle meine Bücher im Internet bestellte – eine andere Buchhandlung hier in der Stadt wollte ich nicht beehren –, aber Carla arbeitet im Laden mit, und die war für mich gestrichen.

Jetzt war mir das egal. Ich würde von nun an der beste Kunde bei Irene sein. Amazon hatte mein Geld nicht nötig, Irene konnte es brauchen.

Carla war nicht da. Nur Irene und eine junge Frau. Vielleicht ein Lehrling. »Ich möchte viele Bücher kaufen«, sagte ich.

»Das ist schön«, sagte Irene und konnte sich nicht entscheiden, ob sie triumphierend, zweifelnd, vorwurfsvoll oder einfach nur herzlich beglückt dreinschauen sollte. Sie hielt sich im Hintergrund und ließ mich stöbern.

Nach zehn Minuten hatte ich neun Romane neben der Kasse gestapelt und fragte Irene, ob einer von ihnen so scheiße sei, dass er nicht mal meinem Vater gefallen würde. Das war gemein meinem Vater gegenüber, er hatte keinen besonders schlechten Geschmack, aber es war ein Versuch, das Schweigen zwischen Irene und mir nicht zu laut werden zu lassen, mir war kein besserer eingefallen.

»Ehrlich gesagt, kenne ich nur zwei davon«, sagte Irene, »das hier und dieses.« Sie griff die beiden Bücher heraus und legte eines zur Seite. »Taugt nichts.« Dann ging sie zum Regal und nahm ein Buch, dann noch eines und ein drittes und legte sie neben meinen Stapel. »Die passen noch dazu.«

Außer Henning Mankell und Dan Brown kannte ich keinen der Autoren, ich hatte alles nach Klappentext ausgewählt und hoffte, nicht zu viele Ausfälle dabei zu haben. Mit den Büchern, die ich selbst kannte und mochte, war ich längst durch, seit einiger Zeit musste ich auf diese Art suchen.

Beim Bezahlen sah ich, dass Irene mir, wie früher manchmal, noch ein Buch dazugelegt hatte. Das hätte ich nicht mehr erwartet, jetzt, nachdem ich ihr so lange untreu gewesen war. »Danke«, sagte ich und nahm die schwere Tüte auf den Arm. Zwölf Bücher. Davon nur vier Taschenbücher, die anderen gebunden und dick.

»Wir sehn uns übermorgen«, sagte Irene.

Das hatte ich vergessen. Wir waren zum Skat verabredet. Ich hätte die beiden versetzt.

&

Das war jetzt schon mal eine gute Tat, dachte ich, so soll es weitergehen. Ich brachte die Bücher zum Auto und legte sie in den Kofferraum.

Was jetzt? Nach Waldkirch zum Musikladen fahren? Oder sollte ich besser vorher noch ein bisschen Sachkunde nachholen, ein paar Musikerzeitschriften durchackern, mit Urs reden, Irenes Bruder, einem Schlagzeuger und Percussionisten, der sich außerdem sein Geld mit Computern verdient? Natürlich. Den sollte ich zuallererst fragen. Nur schade, dass ich zu seinem Geschäft nicht fahren musste. Ich schloss die Maus ab und ging los.

Vor dem Parkhaus kam mir eine Zigeunerin mit Baby auf dem Arm, ausgestreckter Hand und greinendem Leidensgesicht entgegen. Ich reagierte instinktiv, gestikulierte ein deutliches Nein und ging schneller, damit sie mir nicht den Weg abschneiden konnte. Es wirkte. Sie blieb stehen, wandte sich ab und zielte auf einen anderen Passanten. Ein kleines Wunder. Sonst bin ich immer dran. Die sehen das wohl am Gesicht, wer ein Weichei ist und nicht ausgelassen werden darf.

Ich wusste nicht, ob ich mich jetzt ärgern oder freuen sollte. Ärgern, weil ich doch gar nicht mehr sparen musste – ich hätte ihr was geben können –, oder freuen, weil es mir gelungen war, sie mit so viel herrischer Ablehnung auf Distanz zu halten. Es kostete mich ein bisschen innere Überredung, aber dann freute ich mich.

Wie oft hatte ich solchen Frauen was gegeben – es waren immer Frauen, und sie hatten fast immer ein Baby auf dem Arm und veranstalteten dieses Leidenstheater –, und es hatte immer nur zur Folge gehabt, dass sie noch lauter greinten und mehr verlangten. Einmal hatte ich verärgert versucht, meinen Zehner wieder zurückzuziehen, aber die Frau war schneller gewesen, hatte den Schein festgekrallt und mir hinterhergejammert und geschimpft, als hätte ich ihr nicht etwas gegeben, sondern gestohlen. Ich hatte mich damals entschlossen, nie mehr weich zu werden, wenn die Leidenstour gefahren wird, aber es hatte noch ein paar mehr solcher beschämender Situationen gebraucht, bis ich es auch wirklich schaffte. Und immer waren es Zigeunerinnen gewesen. Vermutlich waren sie extrem erfolgreich mit dieser Masche.

Hoppla. Sinti und Roma. Zigeuner geht ja nicht mehr. Wenn ich eine Einzelne meinte, wie sollte ich mich dann präzise ausdrücken? Eine Sinti und Roma? Oder: Eine Sinti oder Roma oder Lallische oder Jenische oder eine von den anderen Familien der fahrenden Völker, auf deren Namen ich grad nicht komme?

Jetzt ärgerte ich mich doch. Ich musste nicht hartherzig sein. Das nächste Mal würde ich einen Zehner abdrücken und danach erst auf rigide umschalten. Und vielleicht sollte ich in Zukunft auch den schlechten Musikern was geben.

&

Urs war nicht da. Er sei bei einem Kunden, hieß es, und man wisse nicht, ob er heute noch hereinkomme. Ich hätte anrufen sollen. Mist. Die ganze Strecke wieder zurück zum Parkhaus.

Unterwegs kaufte ich noch »Keyboards«, »Fachblatt« und »Computer + Recording World«, die konnte ich schon mal studieren, bevor ich irgendwelche elektronischen Pläne machte.

Und dann fuhr ich doch noch nach Waldkirch, sah mich ein wenig im Musikladen um, probierte ein Einspielkeyboard mit achtundachtzig gewichteten Holztasten, sah mir ein kleines Mischpult an und ein Panel mit acht Pads, das ich zum Einspielen percussiver Sequenzen verwenden konnte.

Und schwebte zurück zum Studio. Dort holte ich den Blumenstrauß und die Einkäufe ab, dann schwebte ich nach Hause.

Bis ich allerdings einen Parkplatz fand, war ich einmal um den Block und dann kreuz und quer durch die Nebenstraßen gefahren und musste den Wagen schließlich weit von unserer Wohnung entfernt abstellen. Der Weg vom Studio nach Hause wäre auch nicht wesentlich weiter gewesen. Aber so sah mich wenigstens kein Nachbar aus dem dicken Auto steigen.

&

Das Essen stand noch genauso auf dem Tisch, wie ich es am vorigen Abend zurückgelassen hatte. Die Nudeln rochen schon säuerlich, der Salat war zu einer nur noch vage ins Grünliche spielenden Masse zusammengesunken, und die Pfifferlinge sahen ekelhaft aus. Kein schöner Zug von Wespe. Aber ich würde nicht schon wieder sauer werden. Heute nicht. Egal, was sie mir an den Kopf schleudern mochte, falls sie noch immer auf hundertachtzig wäre, ich würde sie bremsen und meine gute Nachricht loswerden. Dann konnten wir eine verträumte kleine Abendspazierfahrt in unserer zukünftigen Bodenrakete unternehmen, und Wespe durfte sich alles herbeiträumen, was ihr einfiele. Und es würde in Erfüllung gehen.

Ich spülte Nudeln, Pilze und Salat ins Klo, lüftete, räumte den Tisch ab, die Spülmaschine ein, ließ sie laufen, denn sie war fast voll, und begann, Kartoffeln zu schälen.

Als ich alles fertig hatte, Zucchini und Auberginen geschnitten, Zwiebeln, Tomaten, Paprika, Petersilie, jeweils in der richtigen Größe auf Tellern bereitgelegt, die Kartoffeln aufgesetzt, den Kochwein neben dem Wok und den Rest Salat gewaschen, deckte ich den Tisch – das Geschirr reichte gerade noch für ein Essen – und legte den iPod neben Wespes Teller. Falls sie tatsächlich noch verärgert nach Hause kommen sollte, musste dieser Anblick sie betören. Den Blumenstrauß stellte ich noch dazu, nachdem ich jeden Stengel brav angeschnitten hatte, wie es mir von der Verkäuferin aufgetragen worden war.

Und dann wartete ich.

Lange.

&

Irgendwann, nachdem ich das »Keyboards«-Heft schon fast durch, zwei Gläser Wein getrunken und etliche Zigaretten geraucht hatte, rief ich an, nur um vom Anrufbeantworter zu hören, dass die Praxis bis einschließlich Montag, den achten August, geschlossen sei und man sich in Notfällen an die Vertretung, Dr. Sinzig, Telefon Freiburg-vier-acht-vier-drei-drei-null, wenden solle.

Der Kongress in Berlin! Heute zehn Uhr fünfundfünfzig war Wespe von Basel abgeflogen – ich hatte sie eigentlich hinfahren wollen –, das Thema der Tagung hatte ich ebenso vergessen wie die ganze Veranstaltung. Verdammt.

So, wie es aussah, war sie schon gestern Nacht weggegangen. Hatte ihre Sachen gepackt und mir das demonstrativ unberührte Essen hinterlassen. Aber wohin? In die Praxis? Und wieso? Damit sie mir auf keinen Fall mehr über den Weg laufen konnte, falls ich doch noch nach Haus gekommen wäre? Damit ihr mein Anblick nicht noch mal die Laune verderben konnte? Weil ich die Schnöseligkeit besessen hatte, unsere Kreuzfahrt abzusagen? Sie hatte sich darauf gefreut.

Und ich war so erfüllt gewesen von dem Gedanken, ihr nun jeden erdenklichen Luxus bieten zu können, dass ich nicht mit ihrer Enttäuschung über das Platzen der Reise gerechnet hatte. Ich Idiot.

Und trotzdem war ihr Benehmen unmöglich. Ich würde in Ruhe abwarten, ob sie sich meldete, und nichts von mir aus unternehmen. Jetzt war sie dran. Solange sie sich nicht dazu aufraffen konnte, mich wie einen Menschen zu behandeln und mit mir zu reden, so lange würde sie auch nichts von ihrem Glück erfahren. Ein kleinlicher Triumph. Fühlte sich aber doch ganz gut an.

Ich deckte den Tisch ab, warf die Kartoffeln weg, packte Salat und Gemüse in Plastiktüten und verstaute alles im Kühlschrank. Dann räumte ich die Spülmaschine aus, legte den iPod in meine Sockenschublade zurück und ging zur Riesenmaus. Spazieren fahren. Zur Beruhigung.

&

Ich hatte den CD-Wechsler gefüttert und gab mir »Pezzi«, das neue Album von Francesco De Gregori, brechlaut, während ich nach Breisach schwebte, nach Colmar, von dort nach Norden durchs nächtliche Elsass, bis ich auf der Höhe von Offenburg wieder Richtung Osten abbog und irgendwo über den Rhein und zurück auf die A 5 kam.

An einem der Kreisverkehre fiel mir auf, dass meine Lichter mitlenkten. Ich konnte um die Ecke sehen. Wie damals beim Citroën DS. Nach der nächsten De-Gregori-CD, »Amore nel pomeriggio«, hielt ich an und gab meine Adresse ins Navigationssystem ein. Und folgte der kultivierten Frauenstimme, wenn sie mir befahl abzubiegen. Und landete vor der Wohnung.

Ein skurriler Gefühlsmix. Einerseits war ich geschwebt, andererseits hatte ich auch gespürt, wie schwer der Wagen auf der Straße lag. Satt. Und so leicht zu bewegen.

Leute, die behaupten, ein Auto sei nichts weiter als ein Gebrauchsgegenstand, sind Barbaren. Oder Ideologen, die damit ihr antibürgerliches, ökologisches oder asketisches Profil schärfen wollen. Auf jeden Fall sind sie ohne Respekt für die Leistung von Ingenieuren, Mechanikern, Designern, Menschen, die ihr Handwerk perfekt ausüben. Und sie haben keinen Sinn für Schönheit. So jemandem sollte man nicht die Ehe versprechen, kein Geld leihen, keine Diagnose abnehmen oder sonst wie vertrauen. Auf keinen Fall.

Parkplatz fand ich wieder keinen in der Nähe, also fuhr ich den Wagen ins Parkhaus und ging zu Fuß durch die inzwischen schlafende Stadt nach Hause.

Und trank den Rest vom Primitivo.

&

Eigentlich hätte ich für Frau Perides einen Anzug anziehen können, aber ich hatte ihr am Telefon schon mein schwarzes Jackett mit den weißen Punkten beschrieben, also gab es nichts mehr nachzudenken: schwarze Hose, weißes T-Shirt, Schuhe, Gürtel und Uhrband braun. Frühstück im Café, Primitivo im Studio abholen und los.

Und wieder schweben. Mit den anderen Alben von De Gregori. Durchs Höllental mit hundertvierzig. Erlaubt waren hundert, aber Strafzettel sollten nun auch kein existenzielles Problem mehr darstellen. Ich musste nur aufpassen, dass ich nicht Punkte sammelte und irgendwann den Führerschein einbüßte. Ein Leben ohne die Riesenmaus war nicht mehr erstrebenswert.

Dann die Autobahn Singen–Stuttgart. Ich stellte fest, je leerer der Rückspiegel, desto voller ist die Frontscheibe. Immer wieder fiel es jemandem ein, überraschend mit hundertzwanzig überholen zu wollen, wenn ich mit zweihundertzehn angeflogen kam. So lernte ich die Bremsen kennen. Auch sehr gut.

Wie schade, dass dieses Glücksgefühl nicht anhalten würde. Jeder Luxus nutzt sich ab und wird zur Normalität. Nur am Anfang zeigt sich die Dimension des Besseren, irgendwann wird es zum Üblichen, die Steigerung verblasst, und man vergisst, wie laut, lahm und lumpig sich das Reisen früher angefühlt hatte.

&

Automatische Verschnöselung durfte ich nicht zulassen. Ich musste aufpassen, dass ich nicht aus Versehen den Herrenfahrer gab, meine Freunde würden das mit Degout registrieren. Allerdings nur, wenn sie wüssten, dass ich reich bin. Ohne dieses Wissen wäre es einfach nur Gerede, vielleicht sogar witziges Gerede, eben der Sound von einem, der über seine Verhältnisse lebt und gern noch viel weiter drüber leben würde. Ein zwar lächerliches, aber auch rührendes Dandytum, das nur Charme hat als Ausdruck ersehnter, aber nicht existierender Lebensart. Als Benehmen eines Geldbesitzers war es stillos. Was wohl noch alles auf einmal nicht mehr erlaubt sein sollte, nun, da es endlich in Reichweite lag?

Am Rasthof Neckarburg fuhr ich raus, trank einen Espresso und rief meinen Vater an. Er war nicht da. Was jetzt? Auf gut Glück hinfahren? Vielleicht war er ja nur einkaufen oder spazieren. Oder sollte ich heute Abend auf dem Rückweg vorbeischauen? Nein. Ich würde ihn ein andermal besuchen. Diese Woche noch. Dann konnte ich wieder Auto fahren.

Sogar im Stau zu stehen machte mit diesem Auto Spaß. Ich brauchte fast eine Stunde von Herrenberg bis Stuttgart und noch mal vierzig Minuten, bis ich endlich unten in der Stadt war und ein Parkhaus gefunden hatte. Ich hörte Musik, diesmal Altan, eine irische Band, die hinreißend musiziert – ich stellte die Klimaanlage ein und ließ die Fenster zu, drehte so laut auf, wie ich das Gefiedel und Geflöte gerade noch ertragen konnte, und verlor mich in dem aufregenden Widerspruch zwischen der ursprünglichen keltischen Musik und dem hochkultivierten Ambiente, in dem ich sie genoss. Hin und wieder registrierte ich Blicke aus vorbeifahrenden Autos. War anscheinend doch zu laut. Aber die Blicke kamen mir nicht ärgerlich oder indigniert vor, ich hatte eher den Eindruck, man schaue interessiert. Als fragte man sich, was der Mann da für herrliche Musik laufen hat. Quatsch. Das glaubt jeder Cabriofahrer, der seine Umgebung mit Techno quält. Hier kommt der James mit seiner coolen Mucke, und alle finden ihn toll.

Aber vielleicht war ich so was wie ein Widerspruch. Vielleicht hätte sich niemand gewundert, wenn er Verdi, Sinatra oder Miles Davis aus so einem Auto hörte, aber gälische Folkfetzer waren skurril. Eigentlich, wenn ich recht darüber nachdachte, war der Widerspruch nicht so groß, denn diese Band klang ebenso raffiniert und vollendet, wie das Auto gebaut war. In Irland hätte ich Kopfnicken und Lächeln an jeder Ampel eingesammelt. Im Parkhaus wartete ich das Ende des Jigs ab, bevor ich die Zündung unterbrach.

Trotz der Trödelei seit Herrenberg war ich viel zu früh da. Ich spazierte durch die Stadt, staunte über ihre neue architektonische Schönheit – ich war schon lange nicht mehr in Stuttgart gewesen –, von einem gläsernen Würfel am Schlossplatz, dem neuen Kunstmuseum, wollte ich nicht mehr die Augen wenden, so stolz, bescheiden und strahlend dominierte es den auf einmal großzügig luftigen Platz, dann ging ich die Königstraße entlang und sah mir Dinge an, die ich nicht kaufen wollte. Bis ich vor einem Spielzeugladen stand.

&

Voula Perides war dick. Oder zumindest pummelig. Ich hatte ein paar Sekunden Zeit, sie anzusehen, bevor sie mich entdeckte. Sie hatte kinnlanges dunkles Haar, Knopfaugen und war das, was man vor dreißig oder vierzig Jahren einen Wonneproppen genannt hätte. Ihr Charme strahlte aus. Eine Art Aura, die einen erfasst, noch bevor man ihr auf Handschlagsdistanz nahe gekommen ist.

»Die Punkte sind aber sehr klein«, sagte sie lächelnd, als sie mich entdeckt hatte und herübergekommen war.

Ich sah an mir herunter, als hätte ich mich bekleckert. Dieses Spiel trieb Wespe auch gern mit mir. Kleine Fehler bemängeln, sodass der andere sofort in die Defensive gerät. Man hat immer etwas falsch gemacht oder nicht gut genug, man ist immer im Rückstand. Es amüsierte mich.

»Hätte ich sagen sollen: sehr kleine Punkte?«

»Ja, oder mir raten, die Brille aufzusetzen.«

Sie gab mir die Hand, setzte sich, ich sah mich nach dem Kellner um und winkte, als er meinen Blick entdeckt hatte. Dann schob ich ihr die Flasche Primitivo hin.

»Sie müssen ihn jetzt doch ein bisschen ausruhen lassen«, sagte ich, »daran, dass er vom Autofahren auch durchgeschüttelt wird, hab ich nicht gedacht.«

»Danke«, sagte sie.

Der Kellner war da, und sie bestellte ein Bier.

»Wollen Sie nicht was essen?«, fragte ich, aber sie sagte: »Ich koche nachher für meinen Sohn, das nervt sowieso schon, und wenn man satt ist, nervt es erst recht, lieber nicht.«

»Was macht Ihr Sohn?«

»Oh, lieber nicht davon anfangen. Sonst rede ich zwei Stunden, und er verhungert mir zu Hause.«

Was hatte sie jetzt gesagt? War das ein *Nein, ich will nicht erzählen* oder eher ein *Ja, ich will davon erzählen, aber nur, wenn Sie wirklich zuhören?* Auch das kannte ich von Wespe. Antworten, die man interpretieren muss, bei denen man nicht weiß, wozu man eigentlich aufgefordert wird, nur dass man aufgefordert wird, das spürt man deutlich. Ich schwieg. Sie sah mich an.

»Die Kurzfassung, okay?«, sagte sie und kramte nebenher eine Schachtel Zigaretten aus ihrer Tasche, nahm eine heraus, zündete sie mit meinem Feuerzeug an, bevor ich ihr hätte zuvorkommen können, inhalierte einen Zug und fuhr dann fort: »Er ist schlecht in der Schule und redet sich bei jeder Kritik auf seinen eingebildeten Ausländermalus raus, er versucht, bei mir den Macho zu spielen, außer wenn ich wieder mal seine Handyrechnung bezahlen soll, dann schnurrt er wie ein Katerchen, er denkt, Geld sei alles, worauf es ankommt, ist mürrisch und wortkarg, hängt mir zu viel vor dem Fernseher herum und hat die falschen Freunde.«

»Wie alt ist er?«

»Vierzehn. Er fängt gerade erst an, in die schlimmen Jahre zu kommen.«

»Oh je, das volle Sorgenpaket, tut mir leid.« Was Besseres fiel mir nicht ein. Ich habe keine Ahnung von jungen Menschen. Ist zu lange her, dass ich selbst einer war.

»Wenn er noch lang so weitermacht, schick ich ihn nach Irland zu seinem Vater. Dann kann der sich mal um ihn kümmern«, sagte sie, und es klang wie eine ermutigende Perspektive. »Und Sie? Schon die Jacht gekauft?«

»Nein«, sagte ich, »aber das hier«, und ich schob ein kleines, rotes Käfer-Cabrio aus Bakelit über den Tisch zu ihrer Weinflasche hin. Sie lächelte.

»Das ist süß. Danke. Das nehm ich an.«

»Und ein richtiges Auto hab ich auch schon. Allerdings fahr ich es erst mal zur Probe. Wenn es bis übermorgen nicht abpfeift, kauf ich's aber. Vorausgesetzt, euer Geld kommt rechtzeitig bei mir an.«

»Wenn morgen die Post-Ident-Bescheinigung da ist, haben Sie übermorgen das Geld«, sagte sie und nahm einen großen Schluck von ihrem Bier.

»Wenn Sie wollen, fahr ich Sie damit nach Hause.«

»Dann aber jetzt gleich. Um diese Zeit wird mehr gestanden als gefahren. Ich wohne oben in Sonnenberg.«

&

»Der guckt aber grimmig«, sagte sie im Parkhaus, als wir vor dem Wagen standen. Das Licht im Fond war schon festlich aufgeglommen, und ich ging zur Beifahrertür, um sie ihr zu öffnen. Als wir aus der Parkbucht glitten, sagte sie: »Eine Pracht.«

»Soll ich ihn nehmen?«

»Unbedingt.«

Uns durch den städtischen Feierabendverkehr zu wuchten erwies sich als Herausforderung. So leicht sich der Wagen steuern ließ, so nervös und reaktionsbedürftig war das Hasten, Bremsen und Drängeln, das mich umgab, und da ich die Außenmaße meiner Maus noch nicht kannte, war ich angespannt und unsicher. Zweimal wurde ich von anderen Fahrern angehupt und angestikuliert, einer schrie sogar, das war komisch, denn er schrie stumm. Wie ein ausgeflippter Fisch, der durch die Aquariumswand keift. Als es mir zum dritten Mal passierte, da waren wir schon am Bopser auf der neuen Weinsteige, und ich hatte aus Versehen einen Nissan am Einfädeln gehindert, dann aber sofort abgebremst, um ihn doch noch vorzulassen, der Fahrer grimassierte vor Zorn und schlug sich den Handballen an die Stirn, ich machte Zeichen, dass er sich beruhigen solle, dass es mir leidtue, das brachte ihn anscheinend noch mehr in Rage, und er wütete und tobte seine Pantomime noch ein bisschen weiter, bis ihm endlich einfiel loszufahren, was er mit quietschenden Reifen und etwa viertausend Umdrehungen zelebrierte.

»Sind die hier alle so aggressiv?«, fragte ich. »Ist das eine Stuttgarter Spezialität?«

»Eigentlich nicht«, sagte Voula, »vielleicht ist heut Föhn.«

»Eigentlich nicht«, sagte ich.

»Es liegt am Auto. Sie sind jetzt einer von den Bösen.«

Sie hatte recht. Wer in einem dicken Auto Fehler macht, wird als arrogant und selbstherrlich angegangen. Und man fühlt sich noch als Held, weil man es einem dieser hochnäsigen Besserverdiener gegeben hat.

»Was hat Ihre Frau gesagt?« Voula hatte offenbar meinen Ehering registriert. Dass Frauen so was immer gleich mitkriegen. Ich würde nie einer Frau auf die Finger gucken, ob sie verheiratet ist. Es würde mich nicht interessieren.

»Sie weiß es noch nicht.«

»Oh.«

Ich musste die Spur wechseln und konnte deshalb nicht gleich nach ihrem Gesichtsausdruck sehen. Als ich es konnte, schien sie verlegen, als hätte sie etwas Zudringliches gefragt.

»Ich wollte es ihr gleich am Abend sagen, aber wir bekamen Streit, und bei der nächsten Gelegenheit war sie weg. Sie ist auf einem Kongress. Sie ist Ärztin.«

»Tut mir leid, ich wollte nicht indiskret sein.«

»Sind Sie nicht.«

»Da vorne nach der Kreuzung rechts ab und dann die zweite links.«

Als wir vor ihrem Haus standen und ich den Motor abstellte, hatte sie schon den Türgriff in der Hand und schob sich mit der anderen die Bügel ihrer Handtasche über die Schulter. »Könnten Sie Ihre Frau nicht anrufen und es ihr sagen?«

»Ich muss erst warten, bis sie wieder mit mir redet. Das geht nach ihr. Ich kann da nicht einfach reinpfuschen.«

Ich stieg aus, ging um den Wagen und wollte ihr die Tür aufhalten, aber sie war schon draußen und hatte sie wieder geschlossen. »Tut mir leid«, sagte sie.

»Ist nicht so schlimm«, sagte ich und fühlte mich ein bisschen unbeholfen und trottelig dabei, »in ein paar Tagen wird sie sich genauso freuen. Ich freu mich jedenfalls schon auf ihr Gesicht, wenn sie es erfährt.«

Sie gab mir die Hand. »Alles Gute«, sagte sie, »viel Glück. Und danke fürs Heimfahren.« Dann ging sie durch ein hölzernes Gartentor zu einem kleinen Einfamilienhäuschen, das einige Meter von der Straße zurückgesetzt war und einen neuen Verputz gebrauchen konnte.

Viel Glück? Mehr Glück als ich konnte man doch gar nicht haben. Ich winkte ihr, als sie sich vor ihrer Haustür noch mal nach mir umdrehte, sie hob die Hand, ich stieg in den Wagen, schloss die Tür und startete.

&

Als ich auf die Autobahn einbog, überlegte ich, ob ich nicht mal eben nach Heidelberg schweben sollte, mich vor Ecki hinstellen und sagen, du schuldest mir dreißigtausend Euro plus Zinsen, her damit, sonst kommen die schwarzen Männer. Was er wohl sagen würde? Das ist immer noch verjährt?

Das war mal sehr viel Geld, ist es heute noch, nur angesichts meines demnächst unfassbar hohen Kontostands nahm sich die Summe auf einmal lächerlich aus – ich bog in die Abfahrt zur Singener Autobahn. Nach Heidelberg konnte ich auch noch ein andermal. Vorher musste ich rauskriegen, wo er wohnte. In seiner alten Wohnung in Handschuhsheim sicher nicht mehr.

Ich hatte damals gerade alles verkauft, was nicht irgendwo angeschraubt gewesen war, den Lastwagen, die Ton- und Lichtanlage, alle Instrumente, eine kleine, aber feine Studioeinrichtung samt Stutzflügel von Bösendorfer, und vom Erlös zum kleineren Teil das Grundkapital für unsere gemeinsame Agentur eingebracht und zum anderen, größeren Teil Ecki entschuldet. Er schob das Zurückzahlen immer weiter hinaus, und ich dachte, es hätte keine Eile, er verdiente ja. Wir vertraten drei Kabarettisten, einen Zauberer, einen Liedermacher und eine Sängerin, später auch noch ein komisches Streichquartett und eine Jazzband.

Ecki war zuvor mit einem Musiklokal pleitegegangen und hatte mir, als ich mit meiner Band ebenfalls an die Wand fuhr, vorgeschlagen, eine Agentur aufzuziehen. Da ich bis dahin das Booking selbst gemacht hatte, kannte ich viele Veranstalter, hatte Beziehungen zum Radio, zur Presse und den einen oder anderen Kontakt beim Fernsehen. Ecki brachte die Künstler ein. Und er besaß auch das gewisse Etwas, das mir fehlte, er konnte die Leute an die Wand quatschen, charmieren und von irgendwas überzeugen, das sie eigentlich nicht wollten.

Ich war eher der stille Typ, der die Ablage organisierte, für Ordnung in den Abläufen sorgte, die Pressetexte schrieb, die Ideen hatte für Kampagnen oder Pakete, ich betreute auch das Artwork der Plakate, Infos und anderer Veröffentlichungen, arbeitete mit den Druckern, Grafikern und Fotografen und schlichtete den einen oder anderen Streit.

Wir hatten schnell Erfolg. Unsere Auswahl unter den Künstlern war glücklich gewesen, die Kabarettisten zogen bald von den Kleinkunstbühnen in Stadthallen um, weil wir sie immer wieder im Fernsehen unterbrachten. Sie waren unsere Zugpferde. Mit ihnen als Türöffner brachten wir hin und wieder auch die Sängerin, den Liedermacher oder den Zauberer in größere Veranstaltungen, wo sie endlich mal Gagen bekamen, die mehr als die Reisekosten abdeckten.

Manchmal hatte ich das Gefühl, ich sei auf der falschen Seite gelandet, müsse eigentlich auf der Bühne stehen, im Studio, im Proberaum, aber je länger ich mit der Organisation beschäftigt war, desto besser fühlte sich mein Teil am Ganzen an. Ich verlor nach und nach die Innensicht der Künstler, im selben Maße, wie ich den Draufblick des Kaufmanns gewann. Ich war nicht neidisch auf unsere Klienten, sie taten mir leid. Je länger ich für sie arbeitete, ihnen den Weg zu ebnen, dumme und unnötige Beschwerlichkeiten auszuschließen oder abzuschwächen suchte, desto mehr bedauerte ich sie wegen der strikten Regeln, denen sie zu gehorchen hatten. Noch den letzten Trottel in der letzten Reihe im letzten Kaff mussten sie um den Finger wickeln, weil ihre Existenz davon abhing. Sobald sie auf der Bühne standen, besaß jeder die Macht, sie abzuschießen, ihnen die Ehre zu nehmen, sie in ihrer Arbeit zu behindern. Über jedem Abend hing ein Damoklesschwert in Form eines Besoffenen, Beleidigten oder Eifersüchtigen, der alles zunichte machen konnte. Und die Künstler wussten es nicht. Kamen sie endlich von der Bühne, dann sah ich, aus meinem neu gewonnenen Abstand, dass sie weniger berauscht und triumphal erregt als vielmehr erleichtert waren. Dass es noch einmal, schon wieder, gut gegangen war.

Wir hatten ein paar exzellente Jahre. Bis Ecki die drei Kabarettisten mitnahm und seine eigene Agentur mit ihnen aufmachte. Und sich auf einmal weder für das von mir eingeschossene Grundkapital noch für seine persönlichen Schulden zuständig fühlte. Er war nunmehr der Ansicht, ohne ihn hätte ich nicht so viel Geld verdient, das kompensiere meine Ansprüche, zumal es mich in die Lage versetze, weiterhin viel Geld zu verdienen, denn ich könne mir ja neue Klienten suchen. Das Arschloch.

Nein, ich Arschloch. Obwohl ich ihn inzwischen kannte, obwohl ich wusste, dass er ein skrupelloser Absahner war, der seine Katze braten würde, wenn ihm jemand dafür Geld böte, brauchte ich ein halbes Jahr, bis ich mich endlich dazu aufraffte, einen Anwalt einzuschalten, der dann nur noch mit den Schultern zuckte, denn die Schuld war mittlerweile verjährt.

Und meine Agentur, das, was davon übrig geblieben war, ging ohne die Zugpferde in die Knie. Ob das an mir lag, weil ich einfach kein so guter Verkäufer war wie Ecki, oder daran, dass er mir nur die problematischen Klienten gelassen hatte, konnte ich nicht beurteilen. Irgendwann wechselten die Sängerin und der Zauberer auch zu ihm, und mir blieben der Liedermacher, die Jazzband und das Streichquartett. Ich gab auf.

&

Eigentlich konnte ich mit Wespe nach Venedig ziehen. Die Ruhe dort, die Schönheit und das viele Wasser hatten sie, als wir vor einiger Zeit vier Wochen dort gewesen waren, so euphorisch gestimmt, dass sie beim Nachhausefahren, zurück in die Mühle, die Praxis, den Stress, schweigsam und deprimiert im Auto gesessen hatte und nicht mehr aufzuheitern war.

Oder in die Toskana? Ins Piemont? Nach Rom?

Man kann überall Musik machen und sich überall in Bücher versenken. Allerdings war das, was ich musikalisch alleine machen konnte, immer nur der Anfang. Ich konnte mit Keyboard und Computer komponieren, Strukturen festlegen, Arrangements entwerfen. Ausführen und mit Esprit und Leben erfüllen mussten das Ganze dann richtige Musiker. Und den Überblick musste ein richtiger Produzent behalten. Ich selber war dazu nicht in der Lage, das hatte ich ausreichend bewiesen. Ich war kein Anführer, kein Manipulator, und ich war betriebsblind, ich brauchte einen Gegenpart.

Musik passt heutzutage in eine Hosentasche, ich konnte alles, was ich zu Hause, wo auch immer das sein würde, entworfen hatte, überallhin mitnehmen und weiterbearbeiten. Aber wäre Wespe damit zufrieden, nur an einem schönen Ort zu leben und sich treiben zu lassen? Ein Leben nur für die Muße, die Kurzweil oder den Genuss, ohne Zwänge und Pflichten, müsste das nicht öde sein? Als Urlaub ja, aber als Leben?

Wespe war so eingezwängt in die Ordnung ihres Alltags, dass sie sich nach Freiheit sehnte, und ich fühlte mich die meiste Zeit so vergessen und unnütz, dass ich mich nach Arbeit sehnte. In dieser Hinsicht waren wir das glatte Gegenteil voneinander.

&

Als ich den Pendlerstau im Großraum Stuttgart hinter mir hatte, ließ ich die Maus laufen. Leider immer nur so lange, bis wieder ein Polo oder Twingo mit hundertdreißig an jemandem vorbeiächzte, der nur hundertachtundzwanzig konnte. Ich verbot mir das Schimpfen, das Drängeln sowieso, ich würde ein zivilisierter Mensch bleiben. Dass ich von zweihundert Stundenkilometern herunter heftig bremsen musste, rechtfertigte noch keine Hochnäsigkeit. Hundertdreißig sind, von zweihundert aus gesehen, zwar so was wie der Rückwärtsgang, aber von neunzig aus nahe der Lichtgeschwindigkeit. Alles ist relativ. Mein Tempo auch.

Es war ein wunderschöner Sommerabend. Schäfchenwolken am blassblauen Himmel, orangerosa der Horizont und im Westen, in meiner Richtung, eine im Dunst grellrot anlaufende Sonne, die mir demnächst in die Augen stechen würde. Noch schützte mich die Blende überm Fenster, aber in einer halben Stunde spätestens brauchte ich eine Sonnenbrille.

Als ich bei Neckarburg rausfuhr, anhielt und ausstieg, roch es nach Heu und Bremsbelag. An irgendwas erinnerte mich dieser Geruch, aber ich wusste nicht, woran. Es musste etwas Erotisches sein, denn ich spürte nabelabwärts meine Haut.

Ich kaufte eine runde Sonnenbrille und sah aus wie der spätere Lennon, als ich damit zum Wagen zurückging. Bevor ich wieder losfuhr, fütterte ich den CD-Wechsler im Kofferraum, legte Kari Bremnes, Procol Harum, Plainsong und ein anderes Album von Altan ein. »Red Dirt Girl« von Emmylou Harris und »Home« von den Dixie Chicks ließ ich beiseite, auf beiden Alben war je ein sehr trauriges Lied, und mir war nicht nach Heulen zumute. Bestimmt gab es so was wie einen Adapter für den iPod. Den musste ich mir einbauen lassen. Dieses Gefummel im Kofferraum und das Kramen in den herumliegenden CDs waren lästig.

Ich fuhr los mit Procol Harum. »An Old English Dream«. Das passte zum Auto, zum Sonnenuntergang, zu Venedig, wohin ich vielleicht ziehen würde. Und vielleicht auch zu dem Geruch nach Heu und Bremsbelag, der mir wieder in die Nase gestiegen und unterm Nabel gelandet war.

&

Säße Wespe jetzt neben mir, dann wäre mein Glück vollkommen, dachte ich. Wir waren uns auf langen Autofahrten näher als im Alltag, wir redeten dann wieder ohne vorauseilende Risikoabschätzung, einfach so, spontan und ins Unreine über das, was uns gerade durch den Kopf ging.

Das würde mir gefallen. Jetzt einfach geradeaus nach Westen weiterfahren, dann durch die burgundische Pforte bis Beaune, dann die Loire entlang, alle Schlösser ansehen, von Galettes, Omelettes, Salat und Käse leben, irgendwann an den verzauberten Hecken und Wäldchen der Bretagne vorbeischweben und irgendwann am Meer stehen.

Dann vielleicht nach Süden, durchs Limousin, immer an der Küste und erst wieder landeinwärts, wenn die Provence im Osten lag. Und dann nach Uzès. Roch es in Uzès nach Heu und Bremsbelag? Wespe hat sich dort für mich entschieden. Nein, es roch anders. Nach Wacholder, Lavendel und bitterem Kaffee.

&

Nachdem ich schon eine Weile von der Autobahn runter, brav hinter Lastern und Wohnmobilen hergeschlichen und in Gedanken an Wespe und unseren wilden provençalischen Ausbruch versunken gewesen war, entdeckte ich an einem Parkplatz eine Tramperin und hielt an. Sie schien an meiner Absicht zu zweifeln, kam zuerst nicht näher, vielleicht weil sie dachte, so ein Auto ist nicht für Anhalter, der Mann parkt nur so und wird mich abweisen, aber als ich ausstieg und ihr winkte, kam sie doch. Sie wollte nach Freiburg.

Erst als sie eingestiegen und ich losgefahren war, kam mir der Gedanke, sie könnte auch gezögert haben, weil sie mich fürchtete. Da sie an einem Parkplatz gestanden hatte, war sie vielleicht unter unangenehmen Umständen aus dem letzten Wagen gestiegen. Ich sollte mit ihr plaudern, dachte ich, ihr zeigen, dass ich kein Bösewicht bin, aber mir fiel nichts ein. Was redet man mit einer Frau, die ein halbes Leben jünger ist als man selbst? Ich schwieg.

»Was ist das für ein Auto?«, fragte sie irgendwann, vielleicht war ihr das Schweigen unangenehm.

»Ein BMW.«

»Wahnsinn«, sagte sie, »wie im Flugzeug.«

»Ja, finde ich auch. Ich hab ihn erst einen Tag und bin selber noch ganz fassungslos vor Begeisterung.«

Es ergab sich eine unangestrengte Plauderei, ich erfuhr, dass sie Deutsch und Englisch auf Lehramt studierte, ihre Eltern in Rottweil besucht hatte, in einer Wohngemeinschaft hinter dem Bahnhof wohnte, im Chor sang und nachher noch mit Freunden zum Baggersee wollte. Ich erzählte nichts. Was denn auch. Es hätte sie nicht interessiert. Ich überholte nur auf den zweispurigen Strecken, um ihr keine Angst zu machen – ich erinnere mich noch an eigene Tramptouren, bei denen ich mit verkrampften

Fingern neben irgendeinem Killerfahrer gesessen und gebetet hatte, dass ich lebendig aus dem Wagen kommen möge, das tut man seinen Gästen nicht an.

Ich fuhr sie zu ihrer Adresse, ich kannte das Haus, Klarastraße 8, dort hatte ich vor Jahren einem Freund von Yogi geholfen, seine Wohnung aufzulösen. Ein Albtraum. Er hatte per Zeitungsannonce seinen Haushalt zur Versteigerung ausgeschrieben, und wie die Maden über einen Kadaver waren die Leute über seine Einrichtung hergefallen. Küchenschrank, Geschirrschubladen, Regale und Kommoden – in kürzester Zeit war alles zerwühlt und durcheinandergeworfen, und die zurückgelassenen Dinge hatten sich in Schrott und Müll verwandelt. Yogis Freund hatte bleich und den Tränen nahe am Fenster gestanden und vor sich hin gemurmelt, das sei es nicht wert, das habe er nicht nötig, das habe er nicht gewusst. Bis er irgendwann verschwunden und dem niederschmetternden Anblick seiner ausgeweideten Intimsphäre entkommen war. Vielleicht wohnte sie in dieser Wohnung. Sie bedankte sich, und ich fuhr zum Studio. Jetzt, nach neun Uhr abends, konnte ich direkt davor parken.

&

Ich hatte Hunger und nichts im Kühlschrank und wurde langsam nervös, weil mir Wespes Schweigen zu lange anhielt. Das Handy war den ganzen Tag eingeschaltet gewesen, ohne Nachricht, weder auf der Mailbox noch per SMS, und jetzt stellte ich fest, dass auch der Anrufbeantworter nichts von ihr wusste. Vielleicht in der Wohnung. Hoffentlich. Es reichte jetzt, sie sollte endlich erfahren, dass ihr Glück vom Himmel gefallen war, dass ihr Doppelleben ein Ende hatte, sie sich nicht mehr verstellen, die toughe Ärztin spielen und die unsichere, irritierbare Träumerin vor jedem außer mir verbergen musste.

Nur ich wusste, wie sehr sie gespalten war, wie sehr sie darunter litt, den einen Teil ihres Wesens, den sie selbst für eine Art Maskerade hielt, nach außen zeigen zu müssen und den anderen, der ihr längst als ihr einzig wahres Ich erschien, nur hinter verschlossener Tür, bei mir, ohne weitere Zeugen zulassen zu dürfen.

Aber ich konnte sie nicht anrufen. Wenn sie immer noch grollte, würde sie wieder beißen wie vorgestern Abend. Ihre Wut war ein eigenes Wesen. Eine Art Monster. Wenn es geweckt war, musste man warten, bis es wieder schlief.

Ich fuhr nach Hause, aber nur, um mir aus dem Kühlschrank Tomaten und Käse und aus der Schublade Brot zu holen. Der Anrufbeantworter war leer, keine Nachricht. Ich zog mich um, warf die Wäsche in den Korb, nahm mir noch einen Stapel Kleider aus dem Schrank und fuhr zurück zum Studio.

Im Restaurant allein zu essen ist allenfalls auf Reisen erträglich. In der eigenen Stadt ist es traurig. Witwer tun das vielleicht. Oder Scheidungsopfer. Ich aß im Studio und versuchte zu lesen, aber ich konnte mich nicht konzentrieren. Ich dachte andauernd parallel zum Text, den ich mir nur innerlich vorsprach, also legte ich das Buch nach drei Seiten weg und schaltete den kleinen Fernseher ein. Den konnte ich eigentlich ersetzen. Es gab jetzt so schöne flache, edle, das wäre ein Augentrost.

Den Rest des Abends verbrachte ich damit, CDs in den Computer einzulesen, um sie auf den iPod zu übertragen. In den Pausen, während der Rechner arbeitete und ich nichts zu tun hatte, malte ich mir aus, was ich an Technik zum Musizieren brauchen würde. Alles, wovon ich bisher nur geträumt hatte, aber alles in klein. Ich wollte ein winziges Projektstudio – mehr als eine Zimmerecke sollte es nicht beanspruchen. Eine klare, sauber trennende Abhöre, ein gutes Mikrofon, ein winziges Pult, einen Vorverstärker für die Gitarren und alles andere digital im Rechner.

Das iPod-Sammelfieber hielt mich wach bis gegen halb zwei, erst dann legte ich mich auf mein Sofa und schlief ein.

&

Noch vor dem Frühstück lud ich Wespes Update herunter, brannte es auf CD und sah mich im Internet nach Ecki um. Die Agentur hatte noch dieselbe Adresse in der Sandgasse, dorthin war er gezogen, als er mich abgehängt hatte. Die Wohnadresse war inzwischen am Karlsplatz. Ob er auch noch dieselbe Frau hatte? Claudia? Eher nicht, sie war zu gut für ihn, zu klug und zu fein, um auf Dauer seine eitlen Plattitüden zu ertragen. Ich hatte sie gemocht, war sogar verliebt in sie gewesen, aber nur von fern, denn da sie augenscheinlich auf ihn flog, war ich sicher, sie würde nichts an mir finden.

Damals, als klar wurde, dass er plante, mich um das Geld zu bescheißen, hatte ich ihr mein Leid geklagt, und sie bot mir an, einen Teil von ihrem eigenen Gehalt abzustottern. Das rührte mich und bestätigte meine hohe Meinung von ihr, aber ich lehnte ab. Sie arbeitete beim Kulturamt, wo sie nicht besonders gut verdiente, und sollte nicht die Kohlen für ihn aus dem Feuer holen.

Nach dem Frühstück erreichte ich Urs und verabredete mich mit ihm für zwölf Uhr in der Markthalle. Dann fuhr ich zum Autohaus und machte den Kauf des Wagens perfekt, bestellte einen Adapter für den iPod und verabredete für den übernächsten Tag dessen Einbau und die Ummeldung des Wagens. Bis dahin würde mein Geld da sein.

Eigentlich wollte ich in Wespes Praxis das Update aufspielen, aber es war halb zwölf, zu knapp dafür, also fuhr ich in die Stadt zurück, um in Ruhe das Parkhaus nach einem Männerparkplatz abzusuchen.

Im Sommer ist Freiburg voll mit Holländern, Rheinländern und Norddeutschen, die im Schwarzwald Urlaub machen, die Studenten sind weg, und die Stadt wirkt biederer als sonst. Auf einmal fühlte ich mich fremd. Ich wusste nicht, wieso, ich war doch schon seit Jahren hier. Vielleicht lag es daran, dass ich neuerdings leben konnte, wo es mir beliebte, dieser Ort war nur einer von vielen, stand wieder zur Wahl wie am Anfang. Ich konnte ihn kritisch und wählerisch beäugen, um herauszufinden, ob ich ihn überhaupt noch wollte.

&

Es war ein Fehler gewesen, sich in der Markthalle zu verabreden. Jedenfalls um diese Zeit. Zwischen zwölf und zwei ist es ungemütlich, weil Massen von Angestellten aus der Umgebung hier ihren Mittagsschwatz mit Sushi und Prosecco hinter sich bringen und sich Ellbogenkontakt, Arschkontakt, Rempelkontakt nicht vermeiden lässt.

Zum Glück war Urs schon da und hatte nur einen Espresso vor sich stehen, also konnte ich ihn nach draußen entführen zu einem Italiener in der Grünwälderstraße, wo wir, weil alles noch im Schatten lag, einen Tisch vor der Tür bekamen.

Er strahlte, als ich ihm eröffnete, was ich von ihm wollte. »Das ist ja wie Weihnachten«, sagte er, »einfach alles einsammeln, was gut und teuer ist.«

»Und klein«, sagte ich.

»Und idiotensicher.«

Er schrieb sich alles auf und versprach, sich morgen schon an die Arbeit zu machen. Der Bau des Rechners würde ein paar Tage dauern, weil er einige Komponenten bestellen musste. Ich wollte die schnellste, stärkste und leiseste Maschine, die der Markt bot, und dazu einen großen, flachen Bildschirm. Als unser Essen serviert wurde, Bruschetta und eine Stracciatella für mich und Penne all'arrabiata für ihn, kam die Sonne langsam an unseren Sitzplatz, und als wir mit dem Essen fertig waren, schwitzten wir. Urs vielleicht vom scharfen Essen, ich von der Hitze.

Und vielleicht auch vor Freude über die Aussicht, demnächst so exquisites Instrumentarium zu besitzen. Das war neu für mich. Ich hatte mir noch nie bisher das Teuerste, Beste, Feinste gekauft, sondern immer gewartet, bis ich etwas halbwegs frisch Veraltetes zum erträglichen Preis haben konnte. Kleidung, Elektronik, Auto – immer hatte ich es so gehalten, dass jemand anderer die Mondpreise vor mir bezahlte und ich als Zweitnutzer von der Ungeduld der Avantgardisten profitierte.

&

Wenn sich doch nur Wespe endlich melden würde. Ich kam mir fast wie ein Betrüger vor, mich selbst zu verwöhnen, mein Traumauto durch die Gegend zu lenken und mein Traumstudio zusammenzustellen, ohne dass sie gleichzeitig ihre Traumreise, ihr Traumhaus oder ihr Traum-Wasauchimmer bekam. Es half nichts. Ich musste Geduld haben. Das hatte ich doch gelernt.

Wäre ich noch der Feuerkopf von früher, dann hätten Wespe und ich uns schon längst getrennt. Ich war mir ganz sicher, dass meine Fähigkeit zum Nachgeben, ohne mich aufzugeben, uns so weit gebracht hatte, dass wir die Abgründe jedes Mal überwanden.

Wespe sah das anders. Sie litt unter meinem Rückzug, meiner Verschlossenheit und Indifferenz, wenn sie wütend war. Am liebsten hätte sie mich dann genauso wütend erlebt. Dann hätten wir uns gegenseitig zerschmettert, uns danach dafür geschämt, dann getrauert, dass wir so gemein sein konnten, und uns versöhnt. Ich kann das nicht.

Ich glaube auch nicht daran, dass diese Methode »gesund« ist, wie Wespe das manchmal nannte. Diese Vorstellung stammt aus einer Zeit, in der man an die Heilung aller möglichen Malaisen durch Mittelstrahlurin glaubte. Vielleicht bin ich nachtragend, aber vielleicht auch nur dünnhäutig. Ich vergaß nicht, wenn man mich zerschmettern wollte. Ich vergaß keine Verachtung, keinen Hohn, keinen Hass – ich lernte daraus. Wie ich solche Situationen vermeiden konnte natürlich, aber auch, dass Wespe mich verachten, hassen oder lächerlich finden konnte. Das machte mich vorsichtiger, als es vielleicht einem Ehemann oder Liebhaber ansteht. Und es schmälerte mein Vertrauen. Ich weiß, dass es Paare gibt, die auf die Virginia-Woolf-Methode schwören, aber ich bezweifle, dass diese Paare zusammenbleiben. Und wenn, dann nur, weil sie das Objekt ihrer Destruktivität nicht verlieren wollen. Oder können.

Für mich ging bei jedem Ausbruch ein kleines Stück mehr Selbstsicherheit verloren. Und Zutraulichkeit. Vielleicht sogar Liebe, aber das weiß ich nicht. Das dachte ich immer nur dann, wenn ich unglücklich war.

Ich habe nie auch nur erwogen, mich von Wespe zu trennen. Das liegt nicht daran, dass ich etwa phantasielos wäre, es liegt daran, dass sie die einzige Frau war, mit der ich leben wollte. Nicht mal in Gedanken schuf ich Ersatz.

Am liebsten wäre ich jetzt nach Berlin gefahren, hätte sie aus diesem Kongress geholt und gesagt, das brauchst du alles nicht mehr, aber ich kannte weder ihr Hotel noch den Ort der Veranstaltung, und außerdem wusste ich, dass sie mir einen solchen Besuch als Übergriff verübeln würde. Die paar Tage musste ich noch warten.

&

Wespe ist das Größte, was mir je widerfahren ist. Kein Erfolg, keine Hoffnung, kein Triumph, nichts, was ich zuvor erlebt hatte, konnte sich damit messen. Schon gar nicht das, was ich bis dahin für Liebe gehalten hatte.

Nach Uzès war ich damals gekommen, weil Frank, unser Liedermacher, das Ferienhaus eines wohlhabenden Fans für zwei Wochen in der Nachsaison hatte, und weil es so groß war und er nicht genügend Leute zusammenbrachte, bot er mir ein Zimmer an. Es war die Zeit, in der ich von Ecki gerade frisch verladen worden war, und ich saß auf viel zu hohen Kosten, strampelte um mein Leben oder besser um das Leben der Restagentur, drehte jeden Pfennig um, rauchte Selbstgedrehte und aß nur noch in der Mensa, weswegen an so was wie einen Urlaub nicht zu denken war. Ich teilte mir das Benzingeld mit Frank und seiner Schwester und hatte vierhundert Mark für Essen und Vergnügungen in der Tasche.

Es war ein merkwürdiger Haufen, den Frank da zusammengewürfelt hatte: ein vorlauter Student, ein melancholischer Kneipier, der seine Frau in der Pfalz zurückgelassen und dafür seine Geliebte, eine Sozialarbeiterin, mitgebracht hatte, Franks Schwester, die jeden Mückenstich persönlich nahm, und Frank selbst, den niemand erst lange bitten musste zu singen. Keiner von uns spielte auf Troubadix an, aber wohl jeder dachte mit inneren Seufzern »Nein, du wirst nicht singen«, wenn Frank wieder mit gönnerhaftem Gesichtsausdruck nach der Gitarre griff, um uns mit seinem Talent zu beglücken. Seine Schwester war die Einzige, die sich dann und wann verzog, aber wir anderen saßen brav da und lauschten – schließlich hatte er uns eingeladen.

Ich langweilte mich vom ersten Tag an, weil mir niemand sympathisch war außer der Sozialarbeiterin, sie hieß Margit und verbreitete, vielleicht weil sie frisch in ihren Kneipier verliebt war, gute Laune, Wärme und Fröhlichkeit. Die anderen waren Tränen und Fadlinge, hatten an allem was auszusetzen, klebten aneinander, wie das miesepetrige Leute in der Fremde oft tun, und machten es Frank damit leicht, sich als Gastgeber für den Mittelpunkt zu halten. Den Mittelpunkt von nichts. Ich separierte mich, sooft es ging. Wenn ich nicht einkaufte oder kochte, wobei mir Margit hin und wieder half, spazierte ich durch die Stadt, hörte den Straßenmusikern zu, trank bitteren Kaffee und las. Zum Glück hatte ich genügend Bücher dabei.

Und dann kam der Hausbesitzer mit seiner Freundin. Ihnen sei spontan eingefallen, eine Woche freizumachen, seine Freundin habe eine Prüfung hinter sich, er freue sich immer, neue Menschen kennenzulernen, Platz sei ja genug, wir sollten uns in unserer Urlaubsausübung nicht stören lassen. Urlaubsausübung. Das Wort war so doof, dass ich lachen musste. Der Mann gefiel mir. Und seine Freundin nahm mir den Atem. Sie hieß Regina und faszinierte mich so, dass ich nur wagte, sie anzusehen, wenn ich glaubte, sie bemerke es nicht. Faszinieren war nicht das richtige Wort. Es war zu klein. Ihr Anblick schnitt mir ins Herz. Ich wurde vollends stumm.

Das fiel wohl niemandem als Verlust auf, denn mit der Ankunft dieser beiden war Leben in die lahme Szenerie gekommen. Johann, so hieß der Hausbesitzer, war abendfüllend. Und raumfüllend. Stille schien er ebenso wenig ertragen zu können wie Text, der von jemand anderem als ihm selbst erzeugt wurde. Er schaltete als Erstes das Radio an, das wir bis dahin übersehen hatten, dann ging sein Mundwerk los und kam nicht mehr zum Stillstand, bis wir nachts mit vor Müdigkeit zu Schlitzen verengten Augen einer nach dem anderen ins Bett verschwunden waren. Nicht mal Frank schaffte es mehr, ein kleines Privatkonzert einzufädeln. Niemand schaffte, irgendetwas einzufädeln, außer Stichworten für Johann hatten wir nichts mehr zu sagen.

Irgendwann an diesem Abend verzog ich mich in die Küche, um den Abwasch zu machen. Ich hatte zwar gekocht, das befreite mich eigentlich von dieser Pflicht, aber so kurzweilig Johanns Erzählungen, Anekdoten und Referate auch waren, von der Unruhe, in die mich seine Freundin versetzte, vermochten sie mich nicht abzulenken. Ich brauchte eine Pause.

Sie kam und half mir.

Und in der Nacht schrie sie beim Sex. Im Zimmer nebenan. Es zerriss mich fast. Ich hielt es nicht aus, einfach dazuliegen, vor meinem inneren Auge zu sehen, was ich hörte, ja, noch schlimmer, am ganzen Körper zu fühlen, was ich hörte, aber ich schaffte es auch nicht, aufzustehen und wegzugehen. Erst im Morgengrauen schlief ich ein.

Und wachte trotzdem kurz vor sieben auf, ging hinunter in die Küche, machte mir einen Kaffee und ein Brot und wollte mich gerade damit nach draußen in den Hof setzen, als Regina hereinkam, mich forschend ansah und fragte: »Hast du uns gehört?«

»Nur dich«, sagte ich.

»Entschuldige.«

Ich schüttelte bloß den Kopf und hoffte, sie verstünde meine Reaktion so, wie ich sie meinte, nämlich dass es nichts zu entschuldigen gab. Ich wusste nur nicht, wie ich es ausdrücken sollte. Stattdessen bot ich ihr meinen Kaffee an, aber sie sagte: »Nein, ich mach mir Tee.«

Später, als alle zusammen nach Arles fahren wollten, zog ich mich raus, ich sei müde, habe schlecht geschlafen und wolle hierbleiben. Regina wechselte einen schnellen Blick mit mir. Ich wusste nicht, was der zu bedeuten hatte, aber er fühlte sich an wie eine Berührung.

Ich verschlief den halben Nachmittag und ging dann in die Stadt, las Zeitung in einem Café, bis es Zeit war, die Zutaten für eine Gemüsesuppe einzukaufen, die ich am Abend kochen wollte.

&

In der Nacht schrie sie wieder. Sie bezog mich ein. Sie wusste, dass ich sie hören konnte – auf eine vertrackte Art teilte sie ihre Lust mit mir. Oder teilte sie mir mit. Es war fast so was wie ein Dreier. Von dem Johann nichts wusste.

Später, als nebenan Stille eingekehrt war, ging ich raus, um mich zu beruhigen. Am liebsten hätte ich jetzt geraucht, aber ich hatte keinen Tabak mehr. Die beiden Zimmer waren in einer Art Turm auf dem Haus und teilten sich eine Terrasse, von der aus man übers Dach in den Hof und über die Nachbarhäuser hinweg auf die Garrigue, die Buschlandschaft der Umgebung, sah. Sie kam nach einigen Minuten heraus. Von drinnen hörte ich Johann schnarchen.

»Hast du mir auch eine?«, fragte ich, als ich sah, dass sie sich eine Zigarette anzündete, und sie gab mir wortlos Schachtel und Feuerzeug.

»Ist das für dich unerträglich?«, fragte sie irgendwann, nachdem wir eine Weile unserem Rauch hinterhergesehen hatten.

»Nein«, sagte ich.

Sie sah mich an. Skeptisch vielleicht, ich konnte ihren Blick nicht lesen.

»Ich will an seiner Stelle sein«, sagte ich.

Sie streckte ihren Arm zu mir herüber. Sie stand zu weit entfernt, um mich berühren zu können, also streckte auch ich meinen Arm aus und nahm ihre Hand. So standen wir eine Zeit lang, vielleicht zwei, vielleicht drei Minuten, nicht lang, dann löste sie ihre Hand, löschte die Zigarette an der Mauer, legte den Stummel auf den Boden, sagte »Schlaf gut« und ging nach drinnen. Ich stand noch lange da und fragte mich, was geschehen war.

&

Am nächsten Tag fuhren alle ans Meer. Ich wollte wieder nicht mit, vorgeblich weil mir Sand, Sonne und Salzwasser kein Vergnügen bereiteten, aber in Wirklichkeit aus Gründen, die ich selbst nicht kannte. Ich würde stattdessen den Tag mit dem Spiegel oder wenigstens einer Süddeutschen Zeitung in der Stadt verbringen. Aber nicht einmal dazu konnte ich mich entschließen, denn dass ich das leere Haus ganz für mich allein hatte, bot mir die Möglichkeit, in Johanns und Reginas Zimmer zu gehen – ich fasste nichts an, aber es war aufregend, so nah an den

Dingen zu sein, die so nah an ihr waren, ihren Kleidern, ihrer Wäsche, ihrer Zahnbürste, ihren Medizinbüchern. Eine Zeit lang stellte ich mich auf die Terrasse und versuchte, vor meinem inneren Auge die Szene von letzter Nacht nachzuspielen, dann setzte ich mich in den Hof, um zu lesen, aber ich träumte weiter von ihr, bildete mir ein, ihre Hand noch in meiner zu spüren, es fühlte sich echt an, wenn ich die Augen schloss, ich glaubte sogar, ihren Duft noch in meiner Erinnerung zu riechen, ich legte mich in den Liegestuhl, und dann schlief ich ein.

Und wachte auf, weil ein Auto ankam, eine Tür schlug und sie vor mir stand, im Gesicht helle Aufregung, ein Staunen in den Augen und eine halb gerauchte Zigarette in der Hand. »Fährst du mit mir weg?«, fragte sie, und ich brauchte keine Sekunde zu überlegen, ich sagte: »Ja.«

Gepackt hatten wir in wenigen Minuten, dann legte ich meinen Schlüssel auf den Tisch, schrieb einen Zettel für Frank, ging zum Wagen, in dem sie schon am Steuer saß, warf meine Reisetasche auf den Rücksitz und stieg ein.

Bis zum Pont du Gard fürchteten wir, die anderen könnten uns in Franks Auto entgegenkommen, obwohl das nicht sehr wahrscheinlich war, denn sie badeten in Aigues-Mortes und würden sicher von dort über Nîmes nach Hause fahren. Aber noch bis wir die Rhone erreichten, wo wir nach Norden Richtung Avignon abbogen, war Regina nervös und kniff die Augen zusammen, wenn vor uns ein entgegenkommender Wagen auftauchte.

»Ist das dein Wagen oder seiner?«, fragte ich irgendwann.

»Seiner«, sagte sie.

Sie hatten gestritten, und Regina fand, er könne ruhig mit dem Zug nach Hause fahren oder sich einen Mietwagen nehmen. Das Auto, einen roten Saab, würde sie ihm zu Hause einfach vor die Tür stellen und den Schlüssel in den Briefkasten werfen. Sie wolle ihn nie wieder sehen. Also wohnten sie nicht zusammen.

Ich war gleichzeitig entsetzt und fasziniert von ihrer Radikalität, aber ich sagte kein Wort dazu, denn diese Radikalität war mein Glück. Sie zog mit mir los.

&

Wir gingen schweigend durch Avignon. Ich wusste nicht, was ich reden sollte, und hoffte, ihr frenetisch labernder Johann sei ihr so auf die Nerven gegangen, dass sie jetzt die Stille genießen würde. Oder langweilte ich sie? War es ihr egal? So schüchtern wie ich konnte sie nicht sein, nach den Schreien in der Nacht, der Frage, ob ich sie gehört hätte, der Frage, ob es für mich unerträglich sei, dem Angebot, mit ihr abzuhauen – ich hoffte, sie wollte es so. Kein Gequatsche. Nur Avignon, der Boulevard, die Arena, die prachtvollen Bauten und das südliche Gewimmel. Irgendwann nahm sie meine Hand und sah mich wieder mit einem dieser unlesbaren Blicke an. Als wir beim Palais du Pape landeten, gingen wir in den Park. Noch immer schweigend.

»Und was machen wir jetzt?«, fragte ich schließlich, als wir am Rande des Parks standen und über die Dächer der Stadt sahen.

»Jetzt gleich oder ab jetzt?«

»Interessiert mich beides.«

»Ein Hotel suchen.«

&

Waren mir sowohl Avignon als auch schon der Weg dorthin wie eine Kulisse erschienen, nur Hintergrund für das Eigentliche, die brünette, blauäugige, nicht besonders große Frau neben mir in ihrem geblümten Sommerkleid, so wurden sie jetzt, nachdem sie diesen Satz gesagt hatte, vollends zur Tapete. Mit jedem Schritt konnte die Welt reißen und verschwinden – es war ein Wunder, dass sie blieb und uns umgab und nicht in ein dröhnendes Nichts fallen ließ.

Wir hielten uns nicht mit der Suche nach einem möglichst bezahlbaren Hotel auf, wir nahmen einfach das nächste auf dem Rückweg Richtung Parkplatz. Das Zimmer war düster, groß und abgelebt, die Möbel hässlich und der Blick in einen großen Garten zauberhaft.

»Ich hol unser Gepäck«, sagte ich.

»Ich helf dir.«

Ich hätte gern gewusst, ob sie etwas von meiner Aufregung spürte, ob sie selbst aufgeregt war, schließlich würden wir miteinander schlafen, und ich war verliebt und vor lauter Begehren bis zur Blödigkeit benebelt, aber sie wirkte ruhig, ein bisschen gedankenverloren und irgendwie fest. So, als könnte ich mich im Notfall an sie klammern. Falls die Tapete reißen würde.

&

Als mein Handy klingelte, stand ich auf dem Münsterplatz und kaufte gerade eine Avocado, Tomaten und Schalotten – es klingelte wirklich, es dudelte nicht, fiepte nicht und quäkte schon gar nicht irgendeine Popmelodie; ich hatte es deswegen gekauft. Dieses zart-metallische Klingelsample, das bei jedem amerikanischen Polizeifilm im Hintergrund läuft, wenn wir im Vordergrund die Jalousien sehen, die das Büro des Chefs vom Großraum abschotten, hatte es mir so angetan, dass ich dieses Handy unbedingt haben musste. Besonders originell war ich damit nicht, seit ich es hatte, hörte ich das Klingeln überall, es wurde Mode.

Ich griff hastig in meine Tasche, denn ich dachte, endlich ruft Wespe an und will wieder reden, aber es war Urs, der fragte, ob die Boxen für die Abhöre auch etwas größer werden dürften, so etwa DIN-A3. Die Qualität sei um so vieles besser, dass er die kleineren nicht guten Gewissens ordern könne. Klar, sagte ich und hatte das Telefon noch nicht wieder in der Tasche, als es erneut klingelte. Diesmal war es Paul.

Ob ich für ihn einen ebenso eiligen wie schlecht bezahlten Auftrag übernehmen wolle? Es ging um den Text für Internetauftritt und Katalog einer Fattoria zwischen Florenz und Siena, die Wein, Olivenöl, Gästezimmer und kleine Dinge aus Olivenholz anbietet. »Keinen wurzelförmigen Scheiß«, sagte Paul, »schöne Sachen.« Das Honorar sei mickrig, tausend Euro und die Reisekosten, der Etat so winzig, weil er das Ganze für den Freund eines Freundes mache.

»Freundschaft ist, wenn es nix kosten darf«, sagte ich, und er lachte. »Genau erfasst.«

»Damit du nicht den Glauben verlierst, mach ich das umsonst«, sagte ich, »sie sollen mir nur das schönste Zimmer geben.«

»Aber du brauchst doch auch Geld.«

»Jetzt grad nicht so dringend. Ich freu mich, wenn ich dir auch mal was Gutes tun kann.«

»Ja, also«, er klang ein bisschen konsterniert, aber auch ein bisschen erfreut, »klasse. In drei Wochen müsste ich den Text haben. Spätestens. Früher wär besser. Zwölf Seiten etwa. Wenn's geht, gut stückelbar, aber ich mach dir keine Vorschriften. Wenn es eher eine Kurzgeschichte wird, richte ich mich grafisch irgendwie drauf ein.«

Er versprach, mir die Adresse der Fattoria und alle Unterlagen und Bilder zu mailen, und bat mich, den Termin selber abzumachen. Er wollte mein Kommen nur avisieren und darum bitten, dass man mich verwöhnen solle.

Ich stand noch immer vor dem Marktstand, als ich aufgelegt hatte, und konnte jetzt endlich bezahlen und mein Gemüse an mich nehmen. Vielleicht würde Wespe ja mitkommen. Ein paar Tage im Chianti könnten ihr guttun, falls sie es schaffte, so schnell eine Praxisvertretung aufzutreiben. Es wäre eine Minikompensation für die ausgefallene Kreuzfahrt.

Aber was dachte ich da, Quark, jetzt war doch egal, ob sich eine Gelegenheit ergab, wir mussten keine Schnäppchen mehr mitnehmen, keine Kreuzfahrt-Schnäppchen und keine Toskana-Schnäppchen, wir konnten reisen, wann wir wollten, wohin wir wollten, so lang wir wollten. Auf jedem nur denkbaren Niveau. Trotzdem. Vielleicht hatte sie ja Lust.

Ich hatte jedenfalls Lust darauf, ein bisschen zu arbeiten, mir Gedanken zu machen über anderes als käufliche Gegenstände, das war besser, als hier herumzulungern und mich zu fragen, wie Reichsein geht. Und eine Luxusarbeit war es ja ohnehin. Schöne Gegend, gutes Essen, guter Wein, langes Gleiten durch den erdnahen Weltraum, und wenn ich Glück hatte, waren die Leute nett. Sicher Aussteiger aus Deutschland, die hofften, sich dort authentischer zu fühlen als vor der Schulklasse oder im Büro.

Ich war noch keine zehn Schritte weg von dem Marktstand, als eine Sintiundroma sich vor mir aufbaute, die

Hand ausgestreckt, als wolle sie sie mir in die Brust rammen, ihr Baby wie einen Ausweis im Arm und die Jammermelodie auf den Lippen, deren erpresserischer Sound mich zwar wie immer erschreckte, aber mir diesmal nicht die Stimmung verdarb. Ich zog die Börse und legte ihr einen Fünfer in die Hand. Sie nahm ihn, griff sofort nach der Börse, wollte sie festhalten und sich was Schöneres raussuchen, ich zog die Börse weg, die Frau jammerte lauter, ich riss ihr, weil ich darauf vorbereitet war, den Schein wieder aus den Fingern und bot ihn ihr ein zweites Mal an. Sie schnappte zu, war verstummt, drehte sich weg und ließ mich stehen. Das war der Trick. So würde ich es in Zukunft machen.

&

Pünktlich um acht Uhr stand ich vor Yogis Haus in Herdern, im Arm zwei Flaschen Primitivo – die beiden sollten an meinem Glück teilhaben –, ein neues Skatblatt und eine Packung Chips. Ich war zu Fuß gekommen, weil ich nicht wollte, dass Yogi oder Irene mein teures Protzmobil sahen.

Wir spielten immer abwechselnd bei Yogi oder bei mir im Studio, nie bei Irene, weil ich Carla nicht über den Weg laufen wollte. Falls Irene mir das übel nahm, verbarg sie es geschickt. Dass mein Ärger über ihre Liebste unsere Freundschaft demoliert hat, würde kein Außenstehender ahnen. Nur wir wussten davon. Und Yogi natürlich.

Irene gewann das erste Spiel, ich das zweite, einen Grand mit drei Buben und zweimal Ass und Zehn. Immer während des Gebens unterhielten wir uns – über den Laden, er lief nicht schlecht und würde bald schuldenfrei sein, über Yogis Attac-Aktivitäten, in denen er ganz aufgeht, weil er von einem geerbten Mietshaus lebt und einen Sinn braucht, über Lokalpolitik, die mich eigentlich interessieren sollte, jetzt, wo ich doch als Sponsor für irgendwas infrage kam, aber ich war zu aufgeregt und hochgestimmt, ich konnte mich nicht konzentrieren. Auch zum Thema Urlaubspläne fiel mir nichts mehr ein. Ich dachte schon in anderen Kategorien. Mit Bauer-Grünwald, Eden Roc oder Ritz konnte ich hier nicht ankommen.

Dass ich die Chips mitgebracht hatte, bereute ich schon nach wenigen Minuten, denn weder Yogi noch Irene schienen zu wissen, dass man Chips lutscht. Sie bissen krachend drauf, als genössen sie den Lärm zusätzlich zum Geschmack, und kauten dann auch noch mit offenen Mündern. Ich gab mir Mühe, nicht die Hände an die Ohren zu halten, ich wollte nicht unhöflich sein, aber ich kann dieses Geräusch nicht ohne Fluchtreflex ertragen. Selber schuld. Ich hätte damit rechnen müssen. Die meisten Leute essen so.

Ob es an meiner Qual wegen dieser akustischen Folter lag oder warum sonst mich auf einmal der Teufel ritt, ich fragte beim fünften Spiel, ob mir einer von ihnen vielleicht Geld leihen könne. Dreitausend oder vier-, sagte ich, mein Konto sei so überzogen, dass ich nichts mehr aus dem Automaten bekäme.

Schweigen. Intensive Blicke aufs Blatt in der Hand. Wieso genoss ich das? Yogi brach als Erster das Schweigen, er habe alles fest, könne nirgendwo was loseisen, Anfang November frühestens, vielleicht tausend oder so, dann schaffte es auch Irene, eine Gebärde der Hilflosigkeit zustande zu bringen, sie hob die Schultern, breitete die Hände nach außen und sagte, sie habe nichts übrig.

»War nur so eine Idee«, sagte ich und reizte fürs nächste Blatt so hoch, dass ich das Spiel übernehmen musste, obwohl es nur durch ein Wunder, nämlich zwei außergewöhnlich gute Karten aus dem Skat, zu retten gewesen wäre. Es kamen aber nur ein Kreuz-König und eine Karo-Neun. Ich verlor haushoch, weil ich Kontra bekam.

Ich registrierte zwar mein schlechtes Gewissen, dass ich die beiden so gemein getestet hatte, aber ich war gleichzeitig begeistert von dem Trick. Das war es. Ich würde jeden um Geld anhauen. Und wer mir welches leihen wollte, würde reich beschenkt. Was waren denn das für blöde Ausreden? Nichts übrig? Alles fest? Wenn ein Freund Geld braucht, geht es doch nicht darum, ob man was übrig hat, sondern darum, ob man es auftreiben kann.

Leider hatte ich die Stimmung versaut. Der Abend verlief zäh und verdruckst, und wir beendeten ihn viel früher als sonst, schon gegen halb elf. Irene hatte anderntags zwei Vertreter zu Besuch, und Yogi musste noch ein paar E-Mails schreiben. Und er hatte Kopfweh. Gegen das er natürlich kein Aspirin nahm, weil er die Pharmaindustrie in toto für eine Bande von Verbrechern hält. Irene lag vorn wie meistens. Ich war der Letzte, auch das ist fast immer so, weil ich mich nur für kurze Zeit dazu durchringen kann, mein Blatt realistisch zu beurteilen.

Normalerweise machten wir einen neuen Termin fest, bevor wir auseinandergingen, aber diesmal meinte Irene, sie überblicke die nächsten Wochen nur schlecht, wir sollten telefonieren. Aha. Sie wollten sich wohl nach einem anderen dritten Mann umsehen. Der sie nicht um Geld anhauen würde. Komisch, von Irene wunderte mich die Absage nicht, sie hatte eine Rechnung mit mir offen und vielleicht nur auf die Gelegenheit gewartet, aber von Yogi hätte ich das nicht gedacht. Ihn hätte ich immer, obwohl er mental in den Siebzigerjahren stehen geblieben ist und sich partout für einen Widerständler halten will, als einen meiner besten Freunde bezeichnet.

Ich wusste, dass ich unfair war, aber es fühlte sich unglaublich gut an. So ein einfacher Trick. Und so aussagekräftig. Ich musste nur darauf achten, dass mich niemand mit dem Riesenauto sah.

&

Ich verbrachte noch fast vier Stunden im Studio mit CDs, die ich in den Computer einlas, und einem Almodóvar-Film im Fernsehen, den ich nebenbei verfolgte. Inzwischen zog ich schon die Alben aus dem Regal, die ich vielleicht mal hören wollte. Bis jetzt waren es die gewesen, die ich unbedingt brauchte. Die erste Wahl.

Es war kurz vor drei, als ich nach Hause ging – ich wollte sehen, ob Wespe angerufen hatte, und nicht schon wieder auf dem Sofa schlafen. Kein Anruf.

&

Morgens unter der Dusche begriff ich, dass ich nicht einfach mein Leben weiterleben würde, nur mit viel Geld im Hintergrund – es hatte sich alles geändert, weil ich mich geändert hatte. Abgesehen vom Auto gab es noch keine äußeren Zeichen, aber es würde nur eine Frage der Zeit sein, bis mein Verhalten mich verriete. Ich war misstrauisch, und ich prüfte. Das, was jeder andere Mensch einfach hinnimmt, als Schicksal, als gegeben, als unausweichlich, prüfte ich, nahm auf einmal nichts mehr hin, sondern wog ab, was mir vor Augen kam. Meine Freunde, meine Sachen, meine Stadt, ich fragte mich bei allem, ob ich es in meinem Leben haben wollte, ob ich

Bedingungen daran knüpfen, es ändern, es fallen lassen wollte, und ich kapierte, dass ich das seit dem Anruf schon unablässig tat. Es war kein gutes Gefühl.

Wie schnell Yogi mit seinem Nein gewesen war! Er hatte keine fünf Sekunden zum Nachdenken gebraucht, es war wie im Reflex aus ihm herausgeschossen. Irene hatte wenigstens noch rumgedruckst.

Wenn ich die beiden durch meinen Spontantest wirklich verloren hatte und unsere Skatrunde in den Kamin schreiben konnte, war ich – das wurde mir in diesem Moment bewusst – um ein Stückchen Alltagsglück ärmer. Ich hatte diese Abende geliebt. Nicht nur, weil es Spaß machte, sich auf etwas zu konzentrieren, das keinen weiteren Zweck verfolgt, als das Hirn zu trainieren, es war auch, zusammen mit Einkaufen und Kochen, eines der wenigen Elemente »normalen Lebens« in meinem Eremitendasein gewesen. Der Rest des Alltags spielte sich vor allem in meinem Kopf ab. Dort suchte ich nach Formulierungen, Ausdrucksweisen, Darstellungsmethoden und griffigen Slogans – ich war weit weg von der wirklichen Welt, wie sie für die meisten Menschen aussieht. Die wissen am Abend, weshalb sie müde sind, haben einen Stapel Akten gestempelt, eine Horde Kunden abkassiert oder Patienten geheilt, eine Palette voller Produkte hergestellt oder von einem Ort zum anderen bewegt, Strafzettel geschrieben, Wähler verführt oder Freier bedient. Ich generierte nur heiße Luft. In der wirklichen Welt wie ein wirklicher Mensch mit zwei wirklichen Kumpels Skat zu spielen war ein Luxus für mich gewesen.

Wespe würde ich nicht prüfen. Sie sollte sich nur endlich melden, mir wieder gut sein, ihren blöden Wutanfall hinter sich bringen und mit mir auf unsere Zukunft anstoßen. Dass ich noch immer nichts von ihr hörte, machte mich langsam fertig. Sie ließ mich am langen Arm verhungern. Ich wusste nicht mal genau, wann sie zurückkommen wollte, entweder übermorgen, Samstag, oder spätestens am Sonntag, da sie am Dienstag die Praxis wieder aufmachen würde. Einen Tag als Puffer ließ sie immer zwischen Heimkehr und Arbeit, egal, ob sie drei Wochen im Urlaub oder nur ein paar Tage beruflich weg gewesen war.

Ich steckte den Reserveschlüssel für die Praxis ein. Nach dem Frühstück wollte ich das Update aufspielen.

Und ich stellte mir ein Ultimatum. Wenn sie sich bis morgen Mittag nicht melden würde, dann wollte ich ihr das Ganze per SMS erklären. Dann konnte ich zwar nicht ihre Freude und Überraschung direkt genießen, na wenn schon. Wir hätten noch genügend Gelegenheit, gemeinsam zu jauchzen.

&

Es scheint eine Art Gesetz zu sein, dass Paare, die zum ersten Mal miteinander schlafen, sich dabei in die Missionarsstellung begeben. Das ist in jedem Amifilm so und, soviel ich weiß, auch im wirklichen Leben. Vielleicht klammert man sich zuerst so fest aneinander, dass der andere den eigenen Körper nicht sehen kann, vielleicht ist man noch zu scheu, sich auszustellen, sich zu zeigen, oder man will noch keinen Zentimeter zu viel Luft zwischen sich und dem anderen zulassen, damit aus dieser kleinen Distanz keine größere wird.

Damals in Avignon wurde dieses Gesetz missachtet. Regina war weder aufgeregt noch scheu, sie begann einfach, sich auszuziehen, nachdem sie die Tür geschlossen und die Vorhänge zugezogen hatte. Ich tat es ihr nach, und als wir nackt waren, ließen wir unsere Hände übereinander wandern, vorne, hinten, an den Seiten, und irgendwann lagen wir auf dem Bett, und mein Kopf war zwischen ihren Beinen.

Ich hatte es bis dahin auch als eine Art Gesetz angesehen, dass der Mann beim ersten Mal immer zu früh kommt, und leider geschah das auch, als sie sich auf mich setzte und mit träger Genüsslichkeit zu reiten begann. Der Anblick war zu schön, das Gefühl schon viel zu groß, ich hörte mich noch mit belegter Stimme sagen »Achtung, Alarm« und versuchte, mich ihr zu entziehen, aber da war es schon passiert.

Mir blieb keine Zeit, mich zu schämen oder die Peinlichkeit der Situation mit einer Entschuldigung zu verschlimmern, denn sie ließ ihre Hand das gemeinsam Begonnene fortführen und bezog mich ein, obwohl sie sich abgewandt hatte, sie legte meine Hand auf ihre Brust, bog ihren Nacken zu meinem Mund, und bald schrie sie wie in den Nächten zuvor, und ich wusste nicht mehr, ob ich noch erschöpft oder schon wieder erregt war.

Danach schliefen wir.

Danach aßen wir.

Und dann redeten wir bis in die Nacht, während wir durch Avignon schlenderten und hier und da anhielten, um etwas zu trinken, ich Wein, sie Wasser oder Tee, wir gingen durch die Stadt, bis alles Leben sich aus den Straßen verflüchtigt hatte, die Cafés und Restaurants geschlossen und die letzten Passanten verschwunden waren. Als wir das Hotel wieder betraten, fuhr ein Sprühwagen der Stadtreinigung vorbei. Wir schafften es gerade noch trockenen Fußes in die Halle.

Diesmal achtete ich darauf, erst nach ihrem Orgasmus in sie einzudringen, und als ich einschlief, hoffte ich, sie würde nicht morgen früh einen Zimmernachbarn fragen, ob er uns gehört hatte.

&

Beim Einsteigen in die Riesenmaus merkte ich, dass ich Auto fahren wollte. Und zwar nicht nur die zwei Kilometer bis zur Praxis. Ich konnte doch mal eben meinem Vater die Bücher bringen. Das Update lief mir ja nicht weg, das ging auch noch heute Nacht oder morgen. Es aufzuspielen war eine Sache von Minuten.

Vor der Kronenbrücke, als ich nach rechts in die Schillerstraße nach Osten hätte abbiegen müssen, reagierte ich zu spät und stand neben der Schlange, die in meine Richtung wollte, also fuhr ich geradeaus und bog hinter der Brücke nach links ab. Das war eher die Strecke nach Heidelberg, also würde ich meinen Vater eben auf dem Rückweg beglücken.

Noch bis Karlsruhe wusste ich nicht, was ich eigentlich in Heidelberg wollte. Einfach nur spazieren gehen? In meiner alten Heimat herumschnuppern? Sehen, ob dort noch irgendwas existierte, das mich an mich selbst erinnerte? Das mich anging? Das mir fehlte?

Ich war damals nach dem Urlaub in Südfrankreich Hals über Kopf aus der Stadt verschwunden und zu Regina nach Freiburg gezogen, hatte die Agentur aufgelöst und versucht, mich als Journalist mit Rezensionen von CDs und Konzerten und Pauls ersten Textaufträgen durchzuschlagen. Wir wollten auch Kinderbücher zusammen schreiben, aber Paul wurde nie mit den Zeichnungen fertig, er musste sie immer noch besser machen, sodass wir keines der Projekte jemals irgendwo einreichten.

Aber das Schreiben gefiel mir, es ging so leicht und so schnell, und ich begann, von Regina ermutigt und meiner Verliebtheit inspiriert, eine Geschichte über mich selbst zu schreiben, die ich dann sogar an einen Verlag loswurde. Es war ein Wunder. Das Buch kam heraus, fand einige Leser, ich hielt mich für einen Schriftsteller und bildete mir schon wieder eine Zukunft ein. Aber es dauerte nicht lang, da begann ich zu ahnen, dass nichts mehr hinterherkam. Dieses eine dünne Bändchen war schon alles gewesen, was ich zu erzählen hatte. Ich begann nacheinander vier Romane, die ich alle irgendwann, nach hundert oder dreißig Seiten, wieder wegwarf, und brauchte fast zwei Jahre, um zu begreifen, dass in mir nicht mehr steckte als die kleine, lustige Geschichte meines Scheiterns als Musiker.

Zum Glück waren in dieser Zeit schon die Kataloge und Industriepräsentationen dran, und ich verdiente gut genug, um die Erkenntnis zu verschmerzen, dass es bei mir literarisch nur zu einer Eintagsfliege gereicht hatte.

Irgendwo hinter Bruchsal, nachdem die Autobahn wieder schmal und holprig geworden war, begriff ich, was ich wollte. Ecki eine Chance geben. Ich würde mich vor ihn hinstellen, mein Geld verlangen und vielleicht darauf verzichten, falls er es mir wider Erwarten geben wollte.

&

Wir waren am nächsten Tag nach Arles gefahren und dort eine Woche geblieben, ich hatte längst verdrängt, dass ich pleite war, und ließ meine nur als Notreserve eingesteckte Kreditkarte blitzen, als käme bei mir zu Hause das Geld vom Abreißblock. Ich hatte nicht vor, Regina damit zu beeindrucken, aber ich wollte, dass alles einfach wäre, fließend, nicht durch irgendein Zögern oder Bedenken gestört, ob ich mir das Zimmer leisten könne, leisten wolle, ob das Lokal, das ihr gefiel, zu teuer sei, ob ich ihr den Sommermantel, in dem sie so hinreißend aussah, kaufen könne oder nicht, was auch immer mich diese Ausnahmewoche am Ende gekostet haben würde, es war egal. Die Gedanken, woher ich das Geld dafür nehmen sollte, konnte ich mir später machen. Schon am zweiten Tag in Arles wusste ich, dass ich alles tun würde, um mit ihr zusammenbleiben zu können. In die Türkei ziehen, eine Banklehre machen, Polizist werden, mich ihr als Übungsobjekt zur Vivisektion überlassen – was auch immer sie wollte, ich würde es tun.

Auch das hatte ich für eine Art Gesetz gehalten, dass man sich nach der ersten Nacht gleich wieder in der Wirklichkeit findet, dass der andere sich zurückverwandelt von der hormonell induzierten Phantasiegestalt und im Tageslicht zu jemandem wird, der Maffay hört oder lustige Postkarten verschickt, sich Kellnern überlegen wähnt oder ein dümmliches Buch mit zum Strand nimmt. Ich war alt genug, um Geilheit nicht mehr mit Verliebtheit zu verwechseln und Verliebtheit nicht mit Liebe, aber das Erste, was sie morgens in Avignon nach dem Aufwachen sagte, war: »Schön, dass wir noch da sind«, und später beim Frühstück strahlte sie beim Anblick der verschiedenen Käse und Marmeladen, lud sich den Teller voll, aß alles auf, entlockte der mürrischen Madame mit gespielter Hilflosigkeit ein Lächeln und erzählte mir von einem Buch, dessen Schauplätze sie besuchen wolle, nahm es aus der Tasche und las mir die ersten Sätze daraus vor: *Es lag ein Bischof tot in einer Mur am Zederngebirge fünf Stunden schon unter strömenden Wolkenbrüchen. Die Mur war hinabgemalmt mit ihm und seinem Karren und seinen Maultieren und seiner Geliebten, unter ihm fort, über ihn hin, als schmettere das Erdreich ihn in den Schlund der Hölle, kurz vor Anbruch der Nacht.*

»Darf ich das lesen?«, fragte ich.

Sie schlug das Buch zu, reichte es über den Tisch und legte es neben meinen Teller. Vor dem Loslassen drehte sie es noch um, sodass ich den Titel lesen konnte. »Die Kinder der Finsternis«.

Über ihren verlassenen Freund Johann sprach sie nicht. Wenn ich versuchte, das Thema anzuschneiden, wich sie aus, und als ich irgendwann direkt fragte, sagte sie: »Das ist vorbei, ich schulde ihm nur noch sein Auto.«

Ich respektierte ihr Schweigen, was sonst, aber ich wunderte mich. Bisher hatten noch alle Frauen, die mir nahegekommen waren, nichts lieber getan, als ihre Vergangenheit, nah oder fern, Liebschaft oder Ehe, zu erzählen, sie dagegen drückte einfach die Löschtaste, und dann war da nichts mehr. Oder ging mich das nur nichts an? Sollte ich die zarteren Facetten ihres Seelenlebens nicht kennenlernen?

Ich weiß heute nicht mehr, worüber wir die ganze Zeit redeten, aber ich weiß noch, dass wir es taten. Vermutlich nähten wir, wie alle Verliebten, an der großen Patchworkdecke aus Kenntnissen, Vorlieben, Abneigungen, Traumata und Höhenflügen, die uns beide wärmen sollte, in deren Versatzstücken und Flecken, Mustern und Fäden sich jeder von uns gleichzeitig selbst erkennen und dem anderen zeigen wollte. Und wie bei allen Verliebten war die Decke perfekt, alles passte, alles war schön, alles fügte sich ein, nichts musste zur späteren Verwendung beiseite gelegt werden. Nicht einmal die totgeschwiegene Vorgeschichte mit Johann, dessen Auto uns nach Arles und in die Umgebung brachte, nach Aigues-Mortes, nach Tarascon und Les Baux, nicht mal dieses Tabu schien Löcher in der Decke zu hinterlassen. Alles war richtig. Alles war dicht. Und mir wurde klar, dass ich zum ersten Mal in meinem Leben nicht nur verliebt war, sondern liebte. Das hatte ich nicht mehr erwartet.

Ich hatte schon begonnen, das, was man die große Liebe nannte, für ein hartnäckiges Gerücht, für schlichten Schwindel zu halten. Für Kitsch aus Romanen und Filmen, eine Überhöhung der Wirklichkeit, wie ein Essen, mit Glutamat aufgeblasen, oder Musik, der man mit elektronischen Tricks psychoakustische Kräftigung, Verfeinerung, Verschönerung appliziert, die das wahre Geschehen im Studio oder auf der Bühne nicht mehr spiegelt. Nicht, dass ich etwas gegen Glutamat oder tontechnische Raffinessen gehabt hätte – der erreichbare Geschmack oder Klang ist das, was zählt –, aber ich war mir eben sicher gewesen, das, wonach wir uns sehnen, sei eine Simulation, für deren Nichteintreten wir uns schämen, die wir immer wieder neu anstreben, bis wir irgendwann so klug geworden sind, ihre Künstlichkeit zu erkennen.

&

Ich fand einen Parkplatz am Neckarufer beim alten Theater und ging los in Richtung Karlsplatz, weil es kurz vor eins war und Ecki immer mittags nach Hause ging. Ich würde ihn in der Wohnung antreffen, sofern er überhaupt in der Stadt war.

Der Himmel hatte sich zugezogen. Noch sah es nicht nach Gewitter aus, aber es war so schwül, dass ich einen Platzregen als Abkühlung willkommen geheißen hätte.

Mein Finger lag schon auf dem Klingelknopf, als ich dachte, was tust du da? Den größten Flop deines Lebens besuchen? Das Dümmste, was dir je untergekommen ist? Und wozu? Um ihm endlich eins in die Fresse zu hauen oder, wie du vor dir selbst behauptest, ihm die Chance zu geben, sich als etwas anderes zu erweisen als der Arsch, der er ist? Ich wusste es nicht. Ich drückte den Knopf.

»Ja?«

Das war nicht Ecki. Das war Claudia. Ich geriet für einen Augenblick durcheinander, so fest hatte ich damit gerechnet, die verhasste Stimme zu hören, und so wenig mit einem Ja aus Claudias Mund, in dem eine Mischung aus Skepsis und Freundlichkeit anklang.

»Ist Ecki da?« Das war unhöflich. Ich redete wie ein Zwölfjähriger, der seinen Spielkameraden abholt und nicht die Manieren hat, sich vorzustellen.

»Bist du das, Robbi?« Sie kannte meine Stimme noch.

»Ja.«

»Komm rauf. Zweiter Stock.«

Ich freute mich, sie zu sehen, das spürte ich beim Treppensteigen, meine Schritte waren schnell, ich nahm zwei Stufen auf einmal. Ihre Stimme war den Beiklang von Skepsis losgeworden, als sie meine erkannt hatte, sie schien sich auch zu freuen.

»Ecki doesn't live here anymore«, sagte sie lächelnd, als ich ihre Tür erreichte, und ich hatte sofort den Song im Kopf, den sie zitierte. Ich pfiff die Melodie und nahm sie in die Arme.

»Gut so«, sagte ich, »dich seh ich wesentlich lieber.«

»Komm rein.«

Sie nahm eine Tasse aus dem Schrank im Flur und ging mir voraus in ein großes, helles Wohnzimmer, dessen Fenster offen standen und ein Geräuschidyll vom nahen Spielplatz und Neckarufer hereinplätschern ließen.

Auf einem runden Esstisch sah ich eine Zeitung, eine Kanne Tee, eine Tasse, Zucker und Milch daneben, einen Aschenbecher und eine Schachtel Zigaretten. Sie schenkte mir Tee ein.

»Ich musste in letzter Zeit oft an dich denken«, sagte sie.

Von den Antworten, die mir einfielen, war mir keine recht, also schwieg ich.

»Er zieht mit mir dasselbe Ding ab wie damals mit dir.«

»Meinst du abhauen und Geld mitnehmen?«

»Genau das.« Sie zündete sich eine Zigarette an. »Er hat was Besseres gefunden, eine Dreißigjährige. Sie fährt einen Porsche.«

»Und was ist mit Geld?«

»Er hat aufgehört, mir seinen Anteil zu überweisen, und die Raten für die Wohnung gehen von meinem Konto ab. Jetzt reicht es nicht mehr für den Rest, weil fast mein ganzes Gehalt für den Kredit draufgeht. Ich kann mir auf einmal die Wohnung nicht mehr leisten, aber ich kann auch nicht umziehen. Alles, was ich habe, steckt hier drin. Wenn wir uns scheiden lassen und die Wohnung verkaufen, landet es bei der Bank, weil er immer wieder Hypotheken aufgenommen hat.«

»Habt ihr Gütertrennung vereinbart?«

»Nein, eben nicht.«

»Dann hab ich eine gute Nachricht für dich.«

»Was denn?« Sie erwartete irgendeinen Spruch, der von Eckis Niedertracht handeln würde, irgendwas in der Art von: »Ein Zimmer ohne ihn ist besser als eine Wohnung mit ihm.« Sie wartete mäßig interessiert auf das, was ich zu sagen hätte.

»Erstens«, ich nahm einen Schluck Tee und genoss den Augenblick, »leih ich dir Geld für die nächste Zeit, weil zweitens bist du reich. Dir gehören drei Millionen.«

Sie sah mich an wie einen Komiker, dem der Witz verunglückt ist, er tut einem leid, ist aber auch peinlich.

»Was soll das?«, sagte sie schließlich. Ihre Stimme war zittrig, unsicher, sie hätte mir gern geglaubt, aber das, was ich da sagte, klang zu absurd.

»Ich spiele seit damals seine Zahlen im Lotto, und jetzt habe ich sechs Komma zwei Millionen. Es gab zwei Gewinner, er ist der andere. Du hast keine Geldsorgen mehr.«

Eine Zeit lang sah sie mich starr an, dann verlor ihr Gesicht langsam die Fasson, wurde weich, löste sich auf, so wie manche Gesichter sich im Orgasmus auflösen, und dann liefen ihr die Tränen aus den Augen. Sie machte kein Geräusch dabei, schniefte nicht, schluchzte nicht, sie sah mich weiter an, nur dass dabei eine Träne nach der anderen über ihre Wangen rann.

Ich legte meine Hand auf ihre und ließ sie weinen. Sie brauchte keinen Trost, meine Geste sollte ihr nur zeigen, dass ich ihre Freude teilte, und vielleicht auch dafür sorgen, dass sie nicht davonflog. Sie brauchte eine Weile, bis sie sich wieder gefasst hatte und die Worte herausbrachte: »Ich weiß gar nicht, wie ich mich jetzt fühle.«

»Du fühlst dich klasse«, sagte ich.

»Vermutlich«, sagte sie. »Wenn die Scheidung durch ist, machen wir eine Kreuzfahrt. Ich lade dich ein. Oder wir fliegen irgendwohin.«

»Das könnte ich Regina nicht erklären«, sagte ich.

»Schade.«

Sie lächelte jetzt in sich hinein, wischte sich die letzte Träne mit dem Handrücken vom Gesicht und sah sich um, als registriere sie ihren Besitz, die Wohnung, die Möbel, den Ausblick, dann seufzte sie tief, stand auf und sagte: »Ich muss duschen. Ich fühl mich staubig und muss duschen. Dauert nicht lang.«

Sie verschwand, und kurz darauf hörte ich das Wasser der Dusche rauschen, zündete mir eine Zigarette an und sah aus dem Fenster.

Und war glücklich.

Und daran hatte die gute Tat, Claudia von dem Geld zu erzählen, nur geringen Anteil. Die böse Tat, Ecki das Arschloch, reinzulegen, war das, was sich so phantastisch anfühlte. Er machte sicher schon Pläne, wie er sie billig loswerden konnte, und würde sich vor Wut die Haare ausreißen, falls er noch welche hatte. Seine Geheimratsecken waren schon damals, als wir uns trennten, in eine Glatze übergegangen. Ich gönnte ihm den Ärger. Von ganzem Herzen.

»Dann war das sein Porsche, in dem ich ihn vorgestern gesehen habe, nicht ihrer«, sagte Claudia, als sie im Bademantel zurückkam und sich eine Zigarette nahm.

»Mir wurde geraten, es niemandem zu sagen, das mit dem vielen Geld«, sagte ich, »sicher ist das auch ein Tipp für dich. Wer weiß, wie deine Freunde reagieren, wenn sie wissen, dass du manches nicht mehr nötig hast, womit sie sich plagen.«

»Vielleicht hast du recht. Ich überleg's mir«, sagte sie und zupfte ein bisschen verlegen am Kragen ihres Bademantels. »Ich kann's aber noch gar nicht fassen.«

»Das kommt jetzt dann mit Macht. Bis heut Abend hast du's eingesehen.«

Ich schrieb mir ihre Kontonummer auf und versprach, gleich zehntausend zu überweisen; wenn sie mehr brauche, sollte sie nur anrufen. Sie stand am Fenster, rauchte und sah hinaus und sagte irgendwann: »Weißt du eigentlich, dass ich immer ein Auge auf dich hatte?«

»Wie, Auge auf mich, was meinst du damit?«

»Du hast mir gefallen.«

Ich schwieg einen Moment, denn ich war verdutzt. Davon hatte ich nichts bemerkt. War ich blind gewesen oder sie diskret? »Du mir auch«, sagte ich, »aber ich dachte nicht, dass man Ecki und mich gleichzeitig mögen kann.«

»Kann man vielleicht auch nicht.« Sie kicherte. »Ich merk so was halt erst mit Zeitverzögerung.«

Ich wollte wieder los. Mich hatte ein Bewegungsdrang erfasst, der nach großen Schritten verlangte, vielleicht die ganze Hauptstraße runter, vielleicht am Neckarufer bis zur Brücke, ich musste raus.

An der Tür umarmte sie mich, küsste mich auf den Mund, und ich spürte, dass sie nichts unter dem Bademantel trug und ihren Unterleib leicht an mich drängte. Aber bevor sie meine körperliche Reaktion darauf hätte bemerken können, machte ich mich los und ging.

&

Geteilte Freude ist besser. Ich hatte mein Glück schon fast vergessen, nein, das stimmte nicht, aber es hatte sich schon beinah normal angefühlt, jetzt schien mir jedoch wieder das doppelte Lungenvolumen zur Verfügung zu stehen, und das Gehen war wie Fliegen oder wie auf diesen Laufbändern, auf denen man Siebenmeilenstiefel zu tragen glaubt.

Ich ging hoch zur Hauptstraße, dann nach rechts bis zum Theater, wo ich einen schlechten Cappuccino trank und an die Musik dachte, die ich machen wollte. Kleine Walzer, Polkas, Jigs und Rags, in denen immer eine Brechung, ein elektronischer Sound oder Beat oder Effekt dafür sorgen sollte, dass sie nicht beliebig wirkten, sondern eine gemeinsame Idee enthielten. Vielleicht hatte Urs schon alles beisammen, und ich konnte die ersten Fingerübungen machen.

Aber ich musste mich nicht beeilen. Zuerst war der Besuch bei meinem Vater dran, dann das Update für Wespes Praxis, dann endlich unsere Freudenfeier, wenn sie zurückkam, und dann die kleine Reise in die Toskana.

Ich hatte noch immer so ein leichtes Krümelgefühl südlich des Nabels. Die schöne Claudia hätte mich in ihr Bett genommen, und ich war geflohen wie ein Schüler, der sich zu klein fühlt, wenn er von seiner Lehrerin zur Liebe eingeladen wird. Nein, wie ein Ehemann, der nicht auf Abwege geraten will. Egal, wie was oder wer, ich war geflohen. Und freute mich dennoch über das Angebot. Hoffentlich hatte ich sie nicht gekränkt, hoffentlich nahm sie mein Zurückweichen nicht persönlich, nicht als Abfuhr mangels Neigung, sondern als den Verzicht, der es für mich war.

Aber was hätte ich bei Claudia finden können, das mir nicht schon von Wespe viel größer, schöner, erschütternder geschenkt worden war? Vermutlich nichts. Wir waren die ersten Menschen gewesen, hatten die Liebe erfunden und auf bald jede nur denkbare Weise genossen. Wild, schmutzig, zart, nebenbei, als Hochamt, geduldig, harsch und verzweifelt, es konnte nichts Größeres mehr kommen. Mit Wespe hatte ich alles schon erlebt.

Natürlich ließ es nach, natürlich wurde es seltener und entspannter, irgendwann verlor es die Dringlichkeit, das ist normal, so geht es allen, jedes Paar kennt diesen Sinkflug. Man kann es auch morgen noch tun. Oder am Wochenende. Oder im Urlaub. Daran ist nichts falsch, es ist der Lauf der Welt, ich wollte ihn nicht ändern. Was uns verband, war längst nicht mehr die Gier nach dem anderen, das fassungslose Staunen oder schmerzhafte Sehnen, es war der Glaube, dass wir Teil eines Wesens seien, am richtigen Ort, zur richtigen Zeit auf der Welt, dass wir an denselben Zuständen litten und über dasselbe lachten, wussten, was der andere fühlte, und nicht wollten, dass es ihm schlecht ging. Das machte den glücklichen Irrsinn erotischer Raserei wett.

Ich hatte in Heidelberg kein Heimatgefühl empfunden. Das fiel mir auf, als das Walldorfer Kreuz schon hinter mir lag und ich in Richtung Heilbronn auf der A 6 fuhr. Die Stadt hatte mir nichts mehr zu sagen. Und Ecki war schon mal um die Hälfte ärmer, das war ein Erfolg. Ich startete »Local Ground«, das letzte Album von Altan, und drehte es auf, so laut ich es gerade noch ertrug.

&

Der Blick von oben auf Esslingen traf mich mit Wucht. Die Nostalgie, die sich in Heidelberg nicht hatte einstellen wollen, drückte mir aufs Schlüsselbein, und ich beherrschte mich, um nicht auf die Bremse zu treten, damit sich das Bild nicht veränderte. Ich fuhr langsamer, aber so, dass hinter mir keiner ausrasten würde.

Hier war ich ein Kind gewesen, von den blumigsten und absurdesten Hoffnungen erfüllt und den größenwahnsinnigen Phantasien eines Jünglings beflügelt, Träume von Ruhm und Reichtum hatten mir hier den Blick auf die Wirklichkeit vernebelt, und jetzt fuhr ich den Berg hinab zum Neckar, ein Nabob im Prachtmobil, und die Sonne versank hinter den Obertürkheimer Weinbergen – es war pathetisch und pompös, ich hätte Fanfaren dazu gebraucht statt des fiebrigen Gefiedels meiner Iren.

Seltsam. Wieso kam das jetzt? Ich war in den letzten Jahren so oft hier gewesen, ohne mich in Kindheitserinnerungen zu ergehen, ohne sentimentalen Blick auf die Orte vergangener Erschütterungen, wieso jetzt? Weil ich zum ersten Mal von den Fildern herunterfuhr? Hier oben, in Nellingen, hatte meine erste Freundin gewohnt, und die Serpentinen, die ich jetzt so gediegen und herrschaftlich bergab glitt, war ich früher zu Fuß gegangen oder getrampt. Meist von euphorischen Glücksgefühlen durchwirbelt, denn diese Freundin, Astrid, hatte alles wissen wollen. Sie war der Traum jedes jungen Mannes, weil sie so scharf auf Sex gewesen war und keinem Experiment abgeneigt, wir machten es in den Schrebergärten, im Wald, im nächtlich verlassenen Freibad, auf einem Schrottplatz, dessen Wachhund wir eine halbe Salami spendierten, und vor einem Spiegel im Partykeller ihrer Eltern. Ich war der glücklichste Sechzehnjährige, den man sich vorstellen kann.

Leider langweilten wir uns miteinander, sobald wir etwas anderes als Sex zu unternehmen versuchten, sie verstand nicht, wovon ich redete, ich verstand nicht, was an Peter Frampton so toll sein sollte oder wieso sie wütend auf ihre Freundin war, weil die ihren Kleidungsstil kopierte. Das Glück währte nur ein halbes Jahr. Sie fand einen Gitarristen, der Frampton irgendwie ähnelte, und ich versuchte, mich auf die Schule zu konzentrieren, denn meine Eltern bekamen Angst, ich würde das Abitur nicht schaffen.

Ich stellte den Wagen in ein Parkhaus und ging zum Marktplatz, dessen Anblick sich in den letzten dreißig Jahren nicht sehr verändert hat, die barbarische Betonrampe hinter den Fachwerkhäusern kannte ich schon aus meiner Kindheit, nur die gusseisernen Poller, die den Platz umringten, waren neu, und er war leer. Kein einziges parkendes Auto.

Ich stand vor dem Schaufenster des damaligen Süßwarenladens, in dem ich gestreifte, kissenförmige Bonbons und billigen Schokoladenbruch gekauft hatte, jetzt war da ein Reisebüro, und die üblichen Palmen, Sandstrände und Eiffelturm-Towerbridge-Freiheitsstatuen-Poster versperrten den Blick ins Innere, ich ging zum Spielwarenladen, der den von mir ersehnten, aber nie gehobenen Schatz an Wiking-Autos enthalten hatte, jetzt aber nur noch Ledertaschen, Schirme und Koffer führte, und dann zum Theater, wo ich ein Jahr lang als Musiker engagiert gewesen war und das Pfeifen verlernt hatte, weil man das im Theater nicht darf, seither summe ich die Melodien, die in meinem Kopf herumspuken, nur noch vor mich hin. Ich war hungrig.

Eigentlich konnte ich meinen Vater zum Essen einladen, warum nicht in die »Reichsstadt«, das war, soweit ich wusste, gut und teuer und würde ihm gefallen, aber ich entschied mich dagegen. Erstens würde er mein Auto sehen, und dann musste ich erklären, woher ich das Geld dafür hatte, zweitens war es eine Tortur, mit ihm ins Restaurant zu gehen, weil er sich einfach unmöglich benahm. Ich schämte mich für ihn.

So knauserig er mit seinem eigenen Geld haushielt, sobald ihn jemand einlud, gab er den Grafen. Er ließ den Blick nicht von der Speisekarte, wenn er mit dem Kellner sprach, befleißigte sich eines generell skeptisch-ironischen Tonfalls, so, als wolle man ihn zwar bescheißen, brauche das aber gar nicht erst zu versuchen, er stellte Fragen wie

»Sind die Pilze frisch« oder »Kommen die Nudeln aus der Packung«, änderte grundsätzlich die Beilagen, entschied sich dann noch zweimal anders, nachdem er endlich bestellt hatte, mäkelte an der Suppe (nicht warm genug) oder dem Wein (nicht kühl genug) herum, er spielte sich und den anderen einen verwöhnten Gourmet vor, der er nicht war, eine Lebensart, von der er keine Ahnung hatte, denn als Geizhals und Faulpelz lebte er von Tiefkühlfisch und Toastbrot.

Wenn ich die Kellner hinterher mit einem hohen Trinkgeld für sein Benehmen zu entschädigen versuchte, musste ich das auch noch rechtfertigen, falls es mir nicht gelang, hinter seinem Rücken zu bezahlen. Wir bekamen dann jedes Mal Streit, den ich mit so arroganten wie hilflosen Sprüchen wie: »Mein Geld schmeiß ich raus, wie es mir passt« beendete.

Ich setzte mich in das Theaterlokal und bestellte Spaghetti. Ich würde keine Reise mit meinem Vater machen. Er ging blicklos durch die Welt, wusste alles besser, hatte Urteile und Belehrungen parat für alles und alle, hörte niemals zu, stellte Fragen, deren Antwort er dann sofort mit irgendeiner Bemerkung unterbrach, und spielte den Weltbürger, der er ebenfalls nicht war. Das musste ich mir nicht antun. Zumal er nicht zugeben konnte, dass ihm das Reisen Spaß machte, sondern sich mokierte und beschwerte, wo immer er sich unter seiner Würde behandelt fühlte. Und das war nahezu überall. Ich hoffe, ich habe nicht allzu viele Eigenschaften von ihm geerbt. Den Geiz jedenfalls nicht. Aber die Verschlossenheit? Besserwisserei? Schrecklicher Gedanke.

Als ich meine Spaghetti gegessen hatte, ging ich zum Wagen und fuhr zurück zur Autobahn. Der Besuch bei meinem Vater hatte auch noch Zeit bis nach der Toskana.

Auf dem Weg zum Parkhaus hatte ich gesehen, dass die »Reichsstadt« nur noch eine Pizzeria war.

&

In Les Baux kletterten wir abends über den Zaun und hatten das ganze Hochplateau mit der Burgruine für uns allein. Ich rechnete anfangs mit einem aufmerksamen Wachmann oder Polizisten, der uns einfangen und vertreiben würde, und versuchte deshalb, die Stellen zu meiden, an denen wir vom Dorf aus gesehen werden konnten, aber es schien niemanden zu kümmern, ob sich freche Touristen hier einschlichen. Wir kletterten über schmale, steile Treppen mit tief ausgetretenen Stufen bis zur höchsten Stelle, einer kleinen Plattform mit Zinnen, von der man weit über die Landschaft sah. Lavendelfelder, Olivengärten, Pinienwäldchen lagen wie ein riesiger van Gogh unter uns und verloren allmählich ihre Farben in der Dämmerung.

»Ich will hier nackt sein«, sagte Regina und begann, sich auszuziehen. Ich sah mich noch einmal nach allen Seiten um, ob sich nicht doch noch ein Wächter auf den Weg hier herauf gemacht hatte, aber da war niemand, und das Plateau versank schon langsam in der Dunkelheit. Uns würde auch niemand sehen. Ich zog mich ebenfalls aus.

Wir hatten den Blick auf die Landschaft unter und vor uns gerichtet, ich stand hinter ihr, sie beugte sich vor, stützte sich in der Scharte ab, und wir ließen uns Zeit, bewegten uns langsam und weich und geduldig, um zu sparen, den Moment zu verlängern, in dem uns Lavendel- oder Pinienduft zusammen mit der ansteigenden Lust erfüllte und das immer schwächer werdende Licht in unsere Haut eindrang. Ich schwöre, dass ich beim Orgasmus einen Adler kreisen sah, ich glaube sogar, er antwortete auf Reginas Schrei, es mochte auch ein Bussard oder Geier gewesen sein, für mich war es ein Adler und würde immer einer bleiben.

Als wir uns wieder anzogen, hatte sich die Dämmerung in Dunkelheit verwandelt, und unsere Beine schienen uns noch nicht wieder verlässlich genug, sodass wir die Stufen an den steilsten Stellen nur sitzend zu nehmen wagten, indem wir uns vorsichtig mit den Füßen voran und hinab tasteten. Ich glaube, so lebendig und in der Welt anwesend habe ich mich nie vorher und nie nachher gefühlt. Als hätte ich Nervenenden an den Haarspitzen, in den Schuhsohlen und überall auf meiner Kleidung.

Auf der Fahrt zurück nach Arles überließ sie mir zum ersten Mal das Steuer. Bisher hatte sie darauf bestanden zu fahren, als ob sie das Johann schuldig sei. Wir schwiegen. Und waren verbunden, mit allem, miteinander, verschlungen zu einem Doppelwesen, ein einziger unhörbarer Seufzer in der provençalischen Nacht. Bis ich an einem Kreisverkehr falsch abbog, auf der Straße wendete und sie mit einem kurzen gequälten Blick auf mich ihre Hand ängstlich um den Griff über ihrer Tür krallte.

Ich verstand nicht, wieso sie Angst haben konnte, es war Nacht, und die Lichter anderer Autos wären weithin zu sehen gewesen, mein Wendemanöver war nicht riskant oder fahrlässig, aber ich wollte sie nicht darauf ansprechen, es hätte rechthaberisch geklungen. Ich sagte nichts, aber das Doppelwesen war verschwunden.

&

Als ich an Neckarburg vorbeibrauste, fiel mir der Geruch nach Heu und Bremsbelag ein. Woran erinnerte mich das nur? Es musste ein schönes Erlebnis gewesen sein, zumindest ein eindrucksvolles, denn ich fühlte mich sehnsüchtig und beflügelt, wenn ich daran dachte. Aber wo immer ich im Gerümpel meiner inneren Asservatenkammer herumzustöbern begann, ich fand nichts, was dazu passen wollte. Sex im Auto vielleicht? Hatte ich nie gehabt, außer mit Astrid auf dem Schrottplatz. Aber daher rührte die Erinnerung nicht, ich hatte all die hübschen pornografischen Vignetten schon auf der Fahrt den Zollberg hinunter durchgeblättert – es war keine dabei gewesen, die sich mit diesem Geruch verbunden hätte.

Eigentlich fehlte mir das noch, dachte ich, im Auto muss man es einmal im Leben getan haben. So wie man vielleicht auch einmal im Leben käuflichen Sex gehabt haben sollte. Wieso eigentlich? Zum Mitreden? Ich bin nicht der Typ, der über Sex redet, und ich kenne auch niemanden, der das tut. Nicht mal unter meinen Mitmusikern war das üblich gewesen, und wenn wir mal auf einen Plattenfirma- oder Radiomann getroffen waren, der sich mit Herrenwitzen die Ödnis vertreiben wollte, hatten wir ihn auflaufen lassen. Das war nicht unser Stil.

Nur Giorgio, der Drummer, hatte manchmal den hechelnden Köter gespielt, aber nur, weil er sich sicher war, uns damit auf die Nerven zu gehen, hatte zum Beispiel im Tourbus, als alles vor sich hin döste, ganz nebenbei gefragt: »Hat jemand vielleicht Lust, mir einen zu blasen?« Das war so ziemlich alles, woran ich mich in dieser Hinsicht erinnern konnte. Sexgespräche unter Männern waren in meinem Leben bisher nicht vorgekommen.

Es musste an Claudias überraschendem Angebot liegen, dass ich jetzt immer wieder über Sex nachdachte. Oder am Auto? Am Kontostand? Oder daran, dass mir Südfrankreich auf einmal wieder so nahe gerückt war, als hätte ich noch einen Rest der Bräune von damals im Gesicht?

Ich glitt durch die Kurven des Höllentals mit offenen Fenstern und offenem Dach, und das südliche Kitzeln passte zur Wärme der Nacht und zum Ruf eines Käuzchens oder Uhus, den ich hörte, wenn ich in einer der engen Kurven langsam genug fuhr, dass er durch den Fahrtwind zu mir hereindringen konnte.

&

Keine Nachricht von Wespe. Nicht im Studio und nicht zu Hause. Ich wollte nicht bleiben, fühlte mich deplatziert, wie ein ungelegener Besucher oder jemand, der die Wohnung hütet und keine Schranktür oder Schublade ohne schlechtes Gewissen öffnen würde. Dabei war doch hier unser Nest, und ich genoss noch immer, wenn ich ihn bemerkte, den besonderen Frieden, der von Schönheit und Ruhe ausgeht, aber ohne Wespe, ohne ihr Bedürfnis nach Ruhe, ohne ihre Freude an Schönheit war das nichts. Ohne sie war ich hier falsch. Mein provisorisches Durcheinander im Studio war der bessere Platz für mich, wenn ich allein war, also nahm ich drei verschrumpelte Äpfel, die Avocado, eine Flasche Wein und das letzte trockene Stück Brot mit und fuhr dorthin.

Die nächsten Stunden verbrachte ich im Internet, um meine CD-Sammlung zu komplettieren. Ich hörte »Ophelia« von Natalie Merchant auf dem iPod und knipste mir dazu bei Amazon alles in den Einkaufswagen, was ich schon immer mal haben wollte. Livealben, Outtakes, Single-Compilations – ich würde von den Musikern, die mir etwas bedeuteten, alles besitzen, was sie je veröffentlicht hatten, und mir nach und nach daraus eine

Kostbarkeitensammlung für den iPod zusammenstellen. Als ich fertig war, hatte ich mehr als dreitausend Euro ausgegeben und würde Regale anbauen müssen. Morgen Abend konnte ich dasselbe mit Büchern machen. Alles, was ich schon immer mal lesen wollte, würde dann einfach dastehen und auf mich warten. Ich musste nur danach greifen. Irgendwann.

Mein guter Vorsatz, Irene zu unterstützen, war schon wieder gekippt, denn erstens sollte sie nicht wissen, dass ich im Geld schwamm, weil sie mir zweitens keines hatte leihen wollen und ich mich drittens für meinen Test schämte.

Oder sollte ich mit der Bücherorgie noch warten und erst mal sehen, ob ich die vielen neuen CDs auch anhören würde? Vielleicht war es mit solchen Dingen wie mit dem Sex in der Ehe – alles ist da, greifbar, steht zur Verfügung, und man hat es auf einmal nicht mehr eilig damit. Ich hatte mir vor Jahren eine Videosammlung angelegt und so gut wie nichts davon je angesehen. Truffaut komplett, Marx Brothers komplett, Monty Python komplett – alles staubte vor sich hin und war auf einmal nichts mehr wert. Und wann immer einer dieser Filme im Fernsehen gezeigt wurde, sah ich ihn an. War es vielleicht falsch, solche Dinge zu besitzen? Musste man sie jagen? Dann, wenn sie auftauchten, bereit sein?

&

Ich war für meine Verhältnisse früh aufgewacht und musste warten, bis die Stühle vor dem Café herausgestellt wurden. Ich freute mich auf das, was mir an diesem Tag bevorstand: zur Bank gehen, das Auto bezahlen und vielleicht, wenn Urs schon alles beisammenhätte, mein kleines, feines Aufnahmestudio einrichten. Die Zeitung vor mir auf dem Tisch hatte keine Chance gegen die Collage aus Gedankensplittern in meinem Kopf. Ich überflog die Überschriften, blätterte unkonzentriert weiter, wie beim Friseur durch ein Modemagazin, ohne Interesse für irgendetwas aufzubringen, dabei waren die Nachrichten nicht weniger fürchterlich als sonst. Folter, Hunger, Epidemie, Mord, Niedertracht, Entlassung, Gehaltsverzicht, Krieg, Randale – heute war das alles nicht für mich. Es ging mich nichts an.

Herr Markert bat mich in den ersten Stock in ein vergleichsweise elegantes Büro, bot mir einen Kaffee an, den ich ablehnte, setzte sich mir gegenüber an einen Tisch mit Blumenstrauß und einem Stapel Fondsprospekten, atmete tief durch und legte mir meinen ersten Kontoauszug vor. Er lächelte zufrieden, als habe er selbst, oder zumindest seine Bank, das Geld generiert. Der Anblick der Summe war skurril.

»Das rahme ich mir ein«, sagte ich und steckte das Blatt ein.

»Aber hängen Sie es innen an die Tür vom Safe.«

»Gute Idee.«

Er wollte mir gleich Anlagen erläutern, griff nach den Prospekten und legte einen ganzen Packen ausgedruckter Listen bereit, aber ich winkte ab und vertröstete ihn auf später. Ich würde mich melden, sagte ich, jetzt sei ich dazu noch nicht in der Lage. Erst mal müsse ich das alles begreifen. Er hatte Mühe, seine Enttäuschung zu verbergen.

Mit einem Bündel Schecks, neuer EC- und Kreditkarte in der Tasche und Bargeld aus dem Automaten trat ich aus der Bank. Zehntausend hatte ich Claudia überwiesen und mein altes Konto ausgeglichen, den Kredit für die Wohnung konnte ich erst Ende des Jahres tilgen. Von diesem Tag an würde ich nie wieder ein Minus auf meinem Auszug sehen.

Beim Autohaus, während ich wartete, bis man den iPod-Adapter eingebaut hatte, zahlte ich den Wagen mit dem ersten Scheck, der Verkäufer rief bei der Bank an und lächelte, als er auflegte, rieb sich die Hände und bot mir ein Glas Sekt an. Ich lehnte ab, Sekt ist nichts für mich und tagsüber und zum Autofahren schon gar nicht. Er strahlte trotzdem.

Freute sich der Mann für mich? Weil ich jetzt ein so schönes Auto besaß? Nein, Quatsch, er hatte einen guten Deal gemacht, vielleicht bekam er Provision für seine Verkäufe, zumindest stärkte er seine Position und musste vielleicht bei der nächsten Entlassungswelle nicht um seinen Job fürchten. Diese Angst werde ich nie mehr haben, dachte ich, und schämte mich wieder mal für diesen Gedanken. Als wäre das unfair oder überheblich. Ja, mein Glück war unfair, aber das ist Glück immer. Es winkt vielleicht dem Tüchtigen, aber trifft dann dennoch wahllos irgendwen. Jetzt fing ich schon an, Lieschen-Müller-Philosophie abzusondern. Wenn auch nur im eigenen Kopf. Hoffentlich plapperte ich nicht eines Tages solchen Tiefsinn in die Welt hinaus.

Urs hatte alles beisammen, bis auf ein Soundmodul, das er später noch einbauen konnte, und wir verabredeten uns für ein Uhr. Mir blieb noch Zeit, auf dem Münsterplatz einen Blumenstrauß zu kaufen, den ich in Wespes Praxis auf ihren Schreibtisch stellen wollte. Der sollte sie begrüßen, wenn sie wieder anfing.

Vor mir feilschte ein Mann um den Preis, nachdem er sich einen Strauß zusammengestellt hatte. Der Blumenverkäufer beherrschte sich sichtlich, um seinen Ärger nicht zu zeigen, ich war mir sicher, er unterdrückte den

Impuls, alle Blumen einfach wieder zurückzustellen, die er gerade umständlich und immer den zögerlichen Ansagen des Mannes folgend zusammengeklaubt hatte. Er brachte sogar ein kleines Lächeln zustande, als er fragte: »Wie viel billiger darf's denn sein?«

Der Mann stutzte. War das Ironie? Der Verkäufer lächelte.

»Ich weiß nicht«, sagte der Mann unsicher, »vielleicht fünf Euro?«

»Warum nicht zehn?«, sagte der Händler, und jetzt war der Mann sicher, dass er verhöhnt wurde, während der Händler mit dem Strauß in der Hand wedelte, als solle dessen Schönheit den Mann dazu verlocken, den Preis immer noch weiter zu drücken. »Warum nicht geschenkt? Oder Sie kriegen noch zehn Euro von mir dazu?«, legte er nach, noch immer lächelnd, aber jetzt ganz und gar breit und freundlich, als tausche er sich mit dem Kunden über lauter gute Nachrichten aus.

Der war verlegen und wurde wütend. »Also, verarschen kann ich mich selber.«

»Den Eindruck machen Sie nicht«, sagte der Verkäufer, »jedenfalls glaube ich nicht, dass Sie auf die Idee kämen.«

»Was soll das denn heißen?«

»Sie verarschen *mich*«, sagte der Blumenmann, »zumindest versuchen Sie's. Glauben Sie, ich würde hier stehen, wenn ich meine Ware verschenken könnte?«

»Phh«, machte der Kunde und wandte sich zum Gehen, »es gibt doch sonst auch Mengenrabatt.«

Er ging los.

»Acht Blumen sind keine Menge«, rief der Händler ihm noch halblaut nach.

Der Mann hörte es. Aber er drehte sich nicht mehr um.

Der Blumenhändler seufzte. Und sah mich an. Den Strauß noch immer in der Hand, aber jetzt wie etwas, das man wegzuwerfen vergessen hat. »Den bin ich für immer los«, sagte er. Es klang nicht traurig.

»Ich nehm den Strauß«, sagte ich, »Geschmack hat er.«

»Aber keine Manieren.« Er streckte mir den Strauß hin, ich nahm ihn und zog meine Geldbörse heraus.

»Die Leute haben kein Gefühl mehr dafür, was was kostet«, sagte er, »vor lauter Schnäppchen und Discount vergessen sie den Wert. Das pflanzt jemand an, schneidet jemand, transportiert jemand, lagert jemand, bindet jemand, in den Blumen steckt die Arbeit vieler Leute. Und das Geld vieler Leute. Und Wasser und Strom und Sprit und Pacht und Miete und weiß der Teufel noch was alles.«

»Ich weiß«, sagte ich und zahlte. Ich fürchtete, er könne mir einen Vortrag halten, und gab mich eilig, aber er war losgeworden, was ihm auf der Seele gebrannt hatte, und hielt den Mund.

Der Mann hatte recht. Preis und Wert scheinen uns nicht mehr verknüpft, jedenfalls nicht bei den bezahlbaren Dingen. Sobald dagegen etwas richtig teuer ist, halten wir uns nicht mehr für potenziell betrogen, glauben nicht mehr, um die Ecke fänden wir dasselbe noch billiger, sondern legen begeistert die Unsumme hin und fühlen uns noch gelobt, belohnt und geehrt.

&

Als Urs mit seinem alten Mercedes-Kombi vorfuhr, hatte ich schon meine Musikutensilien zusammengeräumt und in eine Zimmerecke gestellt. Es war nicht viel, nur drei Geräte, ein Synthesizer, ein Hardwaresequenzer und ein kleiner Gitarrenverstärker als Abhöre, mit denen ich hin und wieder experimentiert hatte. Diese umständlich zu bedienenden Kisten waren vor fünfzehn Jahren ein Vermögen wert gewesen, heute sind sie Schrott, den allenfalls ein verschrobener Elektronikfreak als Spezialeffekt gebrauchen kann.

Mir gingen die Augen über, als Urs begann, die Teile zusammenzubauen. Er hatte an alles gedacht. Schlanke Stative für Boxen und Mikro, ein zweilagiger Keyboardständer, auf dessen oberer Etage Sampler, Pult, Monitor und Gitarrenvorverstärker Platz hatten, eine Auflage für die Computertastatur und ein herausdrehbares Mauspad. Das Keyboard war phantastisch, die Tasten schwer und präzise wie bei einem Steinway, und als er alles angeschlossen und gestartet hatte, konnte ich mich durch eine unüberschaubare Menge von glasklaren und beeindruckend schönen Sounds knipsen. Ich atmete flach vor Freude. Es würde die reine Lust werden, sich von diesen Klängen zu Melodien verleiten zu lassen.

Er erklärte mir die Software, es war alles sehr einfach, das Handbuch würde ich erst für die raffinierteren Vorhaben konsultieren müssen, dann spielte er mir eine Rhythmussequenz ein, legte eine Basslinie darunter und speicherte das Werk als Urs Eins.

»Schenk ich dir«, sagte er, »da kannst du draufdudeln. Zum Eingewöhnen.«

Dann nannte er mir die Summe, die alles zusammen kostete, und ich stellte ihm einen Scheck aus. Verrückt. Es waren ohne sein Honorar knapp vierzehntausend Euro. Zu meiner Zeit hätte man für diese Qualität und Leistung eine Million Mark ausgegeben. Ich schrieb sechzehntausend auf den Scheck, obwohl Urs nur tausend für sich gewollt hatte.

»Hast du im Lotto gewonnen?«, fragte er.

Ich zuckte die Schultern, ich konnte nicht »ja« sagen. Ich wollte, aber ich konnte nicht.

»Danke«, sagte er, »und frohes Schaffen. Damit wirst du ein paar Jahre zufrieden sein, denk ich.«

Als er weg war, setzte ich mich ans Keyboard und klimperte in den Sounds herum. Es war ein immenser Reichtum, der sich da vor mir auftat, und ich hatte das Gefühl, mir müsste zu jedem Klang gleich eine Melodie einfallen. Wenn ich nur wollte. Ich wollte aber noch nicht. Erst mal würde ich den ganzen Schatz abspazieren, alles ausprobieren, die Vorfreude genießen.

&

Es dämmerte, als ich nach der Zigarettenschachtel griff und feststellte, dass sie leer war. Ich hatte Bauchschmerzen vor Hunger und tauchte aus der Trance meines uferlosen Soundsurfens auf. Ich nahm den Blumenstrauß, fuhr zum Bahnhof, wo ich außer einer Stange Zigaretten noch ein belegtes Brötchen kaufte, und dann zu Wespes Praxis, um endlich das Update aufzuspielen. Vielleicht käme sie ja morgen schon zurück, da sollte sie den Strauß vor Augen und das Update im System haben.

Als ich aufschloss, kam ich mir vor wie ein Einbrecher. Sollte irgendein Nachbar die Polizei alarmieren, wäre das zwar gleich geklärt, aber ich horchte trotzdem auf die Tür, als ich überall Licht einschaltete und den Rechner im Büroraum hochfuhr.

Ich hatte die E-Mail vergessen, in der die Reihenfolge der aufzuspielenden Dateien aufgeführt war. Und ebenso den Zahlenschlüssel, der mir auf der Homepage der Softwarefirma Zugang zum Kundenbereich verschaffen würde. Egal. Die E-Mail hatte mir Wespe von hier weitergeleitet, also würde sie hier im Rechner sein. Entweder im Ordner »Gelöschte Objekte« oder unter den eingegangenen Mails. Ich musste nur nach dem Absender der Softwarefirma suchen.

Aus irgendeinem Grund räumen Frauen ihre Computer nie auf. Sie scheinen nur empfindlich gegenüber sichtbarem Unrat, der unsichtbare stört sie nicht. In Wespes Postfach waren Hunderte ungelöschter Mails. Das würde eine Prozedur werden, den richtigen Absender zu finden, da ich alle durchblättern musste, weil ich den Namen nicht wusste, nur erkennen würde, wenn ich ihn sah, und deshalb mit der Suchoption nichts anfangen konnte.

Ich brachte den Cursor auf die Absenderzeilen und schickte ihn mit der Pfeiltaste abwärts. Nach etwa zwei Seiten fand ich etwas, das mir plausibel erschien, Data-Med, aber im Textfeld stand nichts Offizielles, es sah eher privat aus:

Frau Doktor, spielen Sie ein Spiel mit mir?

Was war denn das? Ein Flirt? Ich sah mir den Absender noch mal an. Es war nicht Data-Med, ich hatte daneben geklickt. Da stand *Claus.Baer@aol.com*. Data-Med war richtig, in der Betreffzeile stand sogar Quartalsupdate. In zwei Minuten waren beide Dateien aufgespielt. Ich wollte den Rechner schon wieder ausschalten, da ging ich noch mal kurz in die E-Mail und holte mir per Suchoption alle Eingänge von Claus Bär. Es waren sieben. Und alle eindeutig. Die Betreffzeilen meist irgendwie witzig sein sollend, »Bär sucht Biene«, »Oh help me please doctor I'm damaged«, »Dringender Honigbedarf«, »Bärenpost«, »Bienenstich« und ähnlicher Diddlpostkarten-Senf.

Unter »Bärenpost« stand: *Ich kann an nichts anderes mehr denken als an Deine Brüste in dem Augenblick, wenn sie unter dem T-Shirt herausfallen, das Du Dir über den Kopf ziehst. Und dann habe ich sie in meinem Mund, während ich gleichzeitig die kühle Haut Deiner Pobacken auf der heißen Haut meiner Oberschenkel fühle, und bin schon tief in Dir und weiß, gleich werden Milch und Honig fließen.*

Unter »Bienenstich« stand nur: *Wann endlich wieder?*

Unter »Dringender Honigbedarf«: *Liebste Biene, es ist schon drei Tage her, und ich schmecke Dich noch immer auf meiner Zunge, spüre Dich noch immer auf meiner Haut und werde ganz weich und selig, wenn ich daran denke, wie es war, sich in Dir zu verströmen, in Dir zu verschwinden, in Dir aufzugehen, und werde aufgeregt, wenn ich mir ausmale, wie es sein wird beim nächsten Mal. Wann?*

Das reichte. Ich las die restlichen vier nicht, ich suchte auch nicht im Ordner »Gesendete Objekte« nach Wespes Antworten, ich schickte mir auch die Mails nicht auf meinen Rechner, ich war ganz klar und wohlsortiert, wusste, dass ich jetzt gerade mein Leben verlor, wusste, dass in diesem Moment eine Art Krebs in meine Seele eindrang, der sich ausbreiten würde, nicht mehr zu stoppen war und sein Zerstörungswerk in kürzester Zeit vollendet hätte. Es tat noch nicht weh.

Aus Büchern weiß ich, dass man im Augenblick, da einen die Kugel trifft, nur den Schlag spürt. Erstaunen, Schmerz und Angst kommen später. Das schien auch für Treffer dieser Art zu gelten. Ich spürte nur, dass es geschehen war, und wartete. Auf einen Kreislaufabsturz, Brechreiz, Migräneanfall, Heulkrampf oder Wutausbruch. Ich fuhr den Rechner herunter, löschte das Licht, schloss die Praxis ab und stieg in den Wagen.

&

Und fuhr in die Wohnung, wo ich alle Kleider aus meinem Schrank nahm und auf den Rücksitz legte, alles, Wäsche, Hosen, Jacketts, Mäntel, Anzüge, Gürtel, Socken, den iPod, der Schrank war leer bis auf einen Schal und ein paar Handschuhe, als ich ging. Aus dem Bad nahm ich mein Rasierzeug und ein paar Handtücher, meine Zahnbürste, mein Aftershave und mein Shampoo. Aus der Küche mein liebstes Messer, die Espressomaschine und die Dose mit dem Kaffee.

&

Im Studio verteilte ich alles auf die beiden kleineren Sofas, das größere brauchte ich zum Schlafen, ich würde mir eine Kleiderstange mit Regal kaufen, die ich in der Abstellkammer aufbauen konnte. Inzwischen hatte ich Magen- und Heulkrampf schon hinter mir, aber mir war klar, dass das nicht alles gewesen sein konnte.

Ich sah ihre Brüste unter dem T-Shirt herausfallen zum Ergötzen irgendeines Postkartenlyrikers, und sie sah animiert und angetan auf dieses Ergötzen und las darin eine Art Lob für sich, das ich ihr nicht mehr gegeben hatte. Oder das sie von mir nicht mehr gewollt oder angenommen hatte.

Von Kleiderbergen umgeben, schlief ich ein. In Deckung. Weg von Bär und Biene.

&

Bevor ich mich hingelegt hatte, war ich noch so schlau gewesen, mein Handy aufzuladen. Es klingelte. Paul. Mit der Frage, ob ich seine Mail bekommen hätte, ob ich mich schon bei der Fattoria Gallo Rosso gemeldet hätte, wann ich fahren wollte und ob etwas nicht in Ordnung sei mit mir. Meine einsilbigen Antworten klängen so niedergeschlagen.

»Kann sein«, sagte ich.

»Tut mir leid«, sagte er.

»Ich melde mich gleich bei denen. Vielleicht fahre ich heut noch los.«

Aber anstatt den Rechner hochzufahren und die Mail anzusehen, machte ich mir einen Espresso und tippte eine SMS an Regina. Wespe wollte ich sie nicht mehr nennen, seit ich wusste, dass der Sülzkopf sich mit ihr per »Biene« verständigte. Und sie würde mich nie mehr Daggl nennen. Ich hatte diesen Kosenamen geliebt. Ich schrieb:

Wer ist Claus Bär?

Und schickte ab.

Dann druckte ich die Mail von Paul aus, telefonierte mit einem Rainer Ziegler in Castellina in Chianti und verabredete mich für morgen irgendwann im Laufe des Tages, ließ mir von ihm den Weg von Florenz aus erklären und legte auf, als ich den Gongton für SMS hörte.

Wieso?

Ich schrieb: *Du weißt, wieso.*

Ich hatte mein Handy so eingestellt, dass ein Foto von Regina auf dem Display erschien, wenn sie anrief oder eine Nachricht von ihr kam. Das änderte ich jetzt. Ich wollte ihr Gesicht nicht jedes Mal sehen. Es tat mir weh. Der nächste SMS-Gong kam schon ohne Bild.

Ich will mich trennen.

Ich schrieb zurück: *Von ihm?*

Fast umgehend kam die Antwort: *Von dir.*

Ich schrieb: *Warum?*

Auf die Antwort musste ich eine Weile warten. Mein zweiter Espresso war schon fast vollständig in die Tasse getropft, als sie kam: *Du lebst nur im Kopf. Es ist einsam um dich.*

Ich schrieb: *Wird noch einsamer ab jetzt. Aber nicht mehr dein Problem.*

Ich war hellwach. Mir war weder schlecht, noch hatte ich Kopfschmerzen, mein Kreislauf funktionierte so stabil wie mein Hirn. Ich wusste, dass ich mich elend fühlte, als hätte ich alle verfügbare Luft ausgeatmet und wäre sicher, dass erneutes Einatmen nicht mehr drin sein würde, aber mir standen keine Tränen an der Unterlidschwelle, ich war nur aufgeregt, weil dieses minimalistische SMS-Pingpong zwischen uns tackerte und einen Treffer nach dem anderen übers Netz jagte.

Regina: *Nicht sarkastisch sein. Bitte.*

Ich: *Nichts fühlen?*

Regina: *Fühl, was du willst, aber sei nicht sarkastisch. Ist zu ernst und wichtig.*

Ich: *Ich will das nicht fühlen. Das geht von dir aus.*

Regina: *Auch nicht rechthaberisch sein.*

Ich: *Willst du dich scheiden lassen?*

Regina: *Ja.*

Ich: *Und die Wohnung?*

Regina: *Ich übernehm deine Schulden.*

Ich: *Willst du reden? Soll ich anrufen?*

Regina: *Nein. Muss jetzt Schluss machen. Vortrag fängt an. Heut Nachmittag nach vier kann ich wieder, okay?*

Ich: *Mal sehn, ob ich dann kann.*

Fertige Pläne. Sie hatte alles schon sortiert und wer weiß wie oft mit dem geilen Bären bis ins Kleinste besprochen. Vielleicht leiht er ihr das Geld für die Wohnung. Er kauft sich bei ihr ein. Dann kann er sich allabendlich nett verströmen und muss nicht immer wieder um einen Termin betteln. Jetzt war mir doch schlecht.

Ich nahm zwei Anzüge, Socken, T-Shirts, Schuhe, Wäsche, Gürtel, Waschzeug und legte alles auf den Rücksitz. Vielleicht würde ich irgendwo in Italien einen Koffer dafür kaufen. Nachdem ich mich versichert hatte, dass Ausweis, Geld, Kreditkarten und Handy am richtigen Platz waren, fuhr ich los.

&

Ich hatte zwar vor dem Start den iPod eingestöpselt, aber ich hörte keine Musik. Ich genoss auch das Fahren nicht. Ich fuhr nur. Bis Basel, wo ich irgendetwas frühstückte, und dann bis Luzern, wo ich noch einen mittelmäßigen Cappuccino trank, ich hatte bemerkt, dass ich immer wieder gähnte, und konnte das Dach nicht aufmachen, weil es regnete. Mantel und Schirm lagen zu Hause – dass ich in anderes Wetter fahren konnte, war mir nicht in den Sinn gekommen.

Erst im Gotthardtunnel versuchte ich es mit Musik, aber ich schaltete nach kurzer Zeit wieder aus, weil ich wusste, sie würde mich in Zukunft jedes Mal daran erinnern, wie ich mich jetzt fühlte, und hierher, in diesen Matsch aus Schande und Unglück, würde ich mich nie im Leben zurückwünschen. Dafür war mir das schöne letzte Cohen-Album zu schade.

Ich zählte die Notausgänge wie immer, und ich verzählte mich wie immer – als ich aus dem Tunnel fuhr in strahlendes Wetter auf der Tessiner Seite, wusste ich wieder nicht, ob ich jetzt zweiundsechzig oder siebenundsechzig Ausgänge gezählt hatte, es müssten eigentlich achtundsechzig sein. Vier Ausgänge mal siebzehn Kilometer.

Wie oft war ich hier mit Regina durchgefahren? Vierzig Mal? Dreißig? Fünfzig? Die Begeisterung für Italien hatten wir geteilt, die Freude am Essen, an der Eleganz, der Architektur, der Landschaft, der Schönheit, die sich überall ins Alltagsleben mischt und so selbstverständlich ist wie andernorts vielleicht nur schlechte Laune.

Ich sollte in Venedig wohnen. Wenn Regina einen venezianischen Absender auf meinen Briefen entdeckte, das hätte doch was. Wäre eine schöne Ohrfeige. Ihr Traum für mich in Erfüllung gegangen.

In dem Augenblick, da ich das dachte, fand ich mich kindisch und armselig, aber ich wusste, solche Einfälle würde ich in nächster Zeit noch öfter haben. Ich wusste auch, dass mein jetzt noch vorherrschendes Gefühl der Enttäuschung, Erniedrigung und Ohnmacht zu Wut werden musste. In dem Maße, in dem ich begriff, wie sehr sie mich ihren eigenen Lebenszwecken angepasst hatte, um mich dann doch nur wie eine ausgelöffelte Avocado in den Müll zu hauen, würde sich meine Verzweiflung in Zorn verwandeln, den nur Rachedurst und Zerstörungslust zu lindern vermochten.

Die Vorstellung, dass Regina ihren schönen Körper diesem Sülzkopf überließ, war unerträglich. Bis Mailand verfolgten mich die Bilder in Variationen; was meine Erinnerung bisher als eine Art Schatz bewahrt hatte, war auf einmal ein Gift, weil in all den gespeicherten Szenen jetzt an meiner Stelle dieser Claus agierte, und was eben noch der Inbegriff von Glückseligkeit gewesen war, verwandelte sich in etwas Ekelhaftes, die Geräusche, die ich dazu phantasierte, klangen widerlich, es war abstoßend, beschämend, unter Reginas Würde, was sie mit diesem Kerl anstellte, und es war nicht auszuhalten, dass ich diesen Film nicht stoppen konnte. Erst der wilde Verkehr auf der Mailänder Tangenziale beendete das Kino, weil ich mich so sehr konzentrieren musste auf das Gewimmel,

Gehupe und Gedränge vor und neben mir und es nur darauf ankam, nicht in einem Blechknäuel zu enden.

Was für ein Witz. Hätte sie mir zugehört, anstatt auszurasten, dann wäre dieser Claus Bär schon längst wieder in sein Loch zurückgekrochen. Ich hätte nie davon erfahren und könnte noch immer glauben, wir beide seien einer der raren Beweise für die große Liebe. Sie säße vielleicht neben mir, und wir würden uns in wenigen Stunden in Venedig nach einer hübschen Palazzoetage umsehen. Stattdessen saß sie jetzt vermutlich in Berlin mit ihm beim Mittagessen und holte ihm unter der Tischdecke einen runter. Weil man das so macht, wenn man Henry Miller gelesen hat und frisch verliebt ist und sich wieder einbilden will, die Leidenschaft währe ewig, obwohl man doch weiß, dass die biologische Uhr schon längst den Countdown tickt, das Alter heranstürmt, die Schönheit vergeht, auch dieser Kerl irgendwann das Schnarchen anfangen wird, seine Antworten nach und nach zur Einsilbigkeit verkümmern, spätestens dann, wenn er gelernt hat, dass er grundsätzlich das Falsche sagt, und das, was man für Liebe hielt, wird sich erweisen als ein dummes, billiges, biochemisch evoziertes bisschen Geilheit im Auge des anderen, aus dem man die eigene Lebendigkeit, den eigenen Wert, das Lob des eigenen Charakters, der eigenen Schönheit und Bedeutung herausgelesen hat.

Und ich Dummkopf hatte Claudia verschmäht. Um Regina nicht zu verletzen. Es war so lächerlich. Was ich dachte, war ebenso lächerlich wie die Situation, in der ich mich befand, es war nullachtfünfzehn, es passierte jedem, aber ich konnte es nur als Armutszeugnis für mich ansehen. Ich hatte versagt. Ich war abgeschafft worden, Regina amüsierte sich anderweitig, und ich hatte nur Geld. Viel zu viel Geld. Und viel zu viel Zeit, um nachzudenken.

Sollte ich Claudia anrufen? Nein. Egal, was ich sagen würde, der Subtext wäre: Wir können es jetzt übrigens doch machen, weil Regina mich verlassen hat. Das erklärte Claudia zur zweiten Wahl. Zum Ersatz. Dafür hatte ich sie zu gern. Und ihr Angebot war von Herzen gekommen, es war spontan gewesen, aus dem Glück des Augenblicks heraus, meines wäre kleinlich und vom Wunsch vergiftet, Regina herabzuwürdigen.

All das dachte ich und wählte trotzdem Claudias Nummer. Aber noch bevor sie hätte abnehmen können, drückte ich den roten Knopf, der die Verbindung unterbrach.

&

Ich konnte den geilen Claus diskreditieren. Eine Edelhure dafür bezahlen, dass sie ihn zuerst verführen und dann bei Regina verpetzen würde. Unter dem Vorwand, sie sei schwanger, und der Bär habe versprochen, sie zu heiraten. Aber wo sollte ich eine Edelhure finden? Keine Ahnung. Nicht meine Welt. Aber Reginas Träume müssten eigentlich, auch ohne dass ich dran drehte, ihren Glanz verlieren. Er würde morgens aus dem Mund riechen, die Zeitung so laut umblättern, dass sie jedes Mal erschrickt, er würde nicht für sie kochen oder nicht so gut wie ich, würde Haare im Abfluss hinterlassen, Schnecken essen oder seine verrotzten Tempos neben den Teller legen – sie musste von vorn anfangen mit seiner Erziehung.

Als ich an Piacenza vorbeiraste, fiel mir ein, dass sie überhaupt nicht auf meine Frage geantwortet hatte. Wer ist Claus Bär, hatte ich von ihr wissen wollen, und sie war wie immer darüber hinweggegangen. Eine klare Antwort auf eine klare Frage bekam man von ihr nicht. Wie selbstverständlich zog sie hinter jedem Text das hervor, was sie für das Eigentliche hielt, und antwortete nur darauf. Für sie war alles Gesprochene eine Art Verpackung, die man aufreißen und zur Seite legen musste, weil darunter erst der Inhalt zum Vorschein kam. Außer natürlich bei Aussagen wie »Ich liebe dich« oder »Du bist schön« oder »Du hast recht«. Solche Aussagen waren eins zu eins, aber eine Frage wie »Wer ist Claus Bär?« musste nicht ernst genommen werden.

Wollte sie, dass ich um sie kämpfte?

Aber wie denn, dachte ich, das Duellieren ist aus der Mode, dem Herrn einfach eine oder zwei reinzuhauen hat keinen Stil, und alles andere liefe nur auf Betteln hinaus. Sie wollte das ohnehin nicht. Sie hatte sich entschieden und basta. In die Tonne mit dem Daggl. So radikal, wie sie mich damals genommen hatte, schlug sie mich nun auch weg.

Es ist einsam um dich. Du lebst nur im Kopf.

Vermutlich war ich selbst schuld, wenn ich so dumme Fragen stellte. Dann verdiente ich auch dumme Antworten. Wo lebte *sie* denn? Wenn sie müde von der Arbeit kam, war sie nahezu kommunikationsunfähig, ich sah ihr an, dass sie nichts mehr aufnehmen, keinen Text mehr hören konnte, nach einem ganzen Tag mit den Patienten. Hätte ich den Fehler gemacht, ihr irgendwas erzählen zu wollen, dann wäre ihr Gesicht zu einer Maske des Erstaunens erstarrt, hinter der sich Ungeduld und Überforderung nur notdürftig verbargen. Ich ließ sie in Ruhe. Ihr zuliebe. Wo sonst als im eigenen Kopf sollte ich dann noch leben?

Oder meinte sie etwas anderes damit? Dass ich keine Lust hatte zu joggen? Dass ich nicht Ski fahren mochte? Dass mir im Schwimmbad oder Meer das Wasser zu kalt war? Na und? Mit dem gleichen Recht hätte ich ihr vorwerfen können, dass sie es tat. Es ist leer in dir. Du lebst nur mit deinem Körper. Das stimmte genauso wenig. Ich argumentiere, dachte ich, das ist Blödsinn. Argumente sind das Letzte. Wenn Argumente aufkommen, ist alles zu spät.

Ich fuhr an der nächsten Area Servizio raus zum Tanken.

&

Uns verband so viel. Wie konnte sie das einfach hinter sich lassen? Unsere wortlose Übereinstimmung, das gleichzeitige Loslachen oder Kopfschütteln oder Schulterzucken, die Faszination vor Bildern von Khnopff, Bellini oder Schiele, das Entzücken beim Anblick eines Mosaikfußbodens in Torcello, die Euphorie beim Gefiedel einer Studentenband in Killarney, die Abneigung gegenüber Angeberei, die Sympathie für Understatement und Lakonie und nicht zuletzt die Freude an Luxus und Schönheit – war das alles nur in meinem Kopf? Konnte sie das alles drangeben? Oder war der Bär ein Klon von mir, der nur zusätzlich noch joggt?

Vielleicht sollte ich einfach Geduld haben, dachte ich, ihr Zeit lassen, diese Verliebtheit auszuleben, an ihre Grenzen zu stoßen und dann zu mir zurückzukommen. Mit dem Vaporetto auf dem Canal Grande. Oder durch ein schmiedeeisernes Tor über eine endlose Auffahrt, deren Kies unter den Rädern ihres Taxis knirscht, bevor sie das efeuumrankte Herrenhaus am Ende des Parks überhaupt sieht. Quatsch. Sie will weg. Sie will nicht nur ein Abenteuer mit Verströmerli, sondern mich los sein.

An der Kasse vor mir suchte eine Frau immer fahriger in ihrer Tasche herum, stieß dabei halblaute Worte aus, »unmöglich«, sagte sie und »verdammt«, und als sie schließlich aufgab, die Schultern hob und den Scontrino für einen Espresso, der vor ihr auf dem Zahltellerchen lag, mit einem irritierten Kopfschütteln zurück in Richtung des Barmannes schob, »das darf nicht wahr sein«. »Scusi«, sagte sie zum Barmann, »non posso trovare l'argento«, und drehte sich weg, wollte an mir vorbei nach draußen, als ich sie mit der Hand an ihrer Schulter stoppte und sagte: »Ich lade Sie ein. Keine Aufregung. Der Geldbeutel findet sich.«

Ich hatte schon einen Fünfer in der Hand und legte ihn auf das Tellerchen, und da ich als Nächster an der Reihe war, bestellte ich noch einen Cappuccino für mich. Den Scontrino gab ich der Frau, sie nahm ihn, war sichtlich zu verwirrt, um die Situation falsch einzuschätzen, sie sagte nicht einmal danke, sondern stand einfach nur da, bis ich meinen Zettel und das Wechselgeld an mich genommen hatte.

»Kommen Sie«, sagte ich und stupste sie sachte am Arm, damit sie mit mir nach nebenan zur Theke käme, wo wir die Kassenbons gegen unsere Getränke tauschen würden.

»Ich schau im Auto nach«, sagte sie, »bin gleich wieder da«, und hastete zur Tür hinaus auf den Parkplatz.

Ich nahm ihren Espresso und meinen Cappuccino mit nach draußen, dort gab es Stehtischchen, an denen man rauchen konnte, und während ich das benutzte Geschirr beiseite schob und ein paar Pappbecher in den Mülleimer warf, entdeckte ich sie in einiger Entfernung an einem kleinen silbernen Seat, wo sie vor der offenen Fahrertür hockte und den Boden unterm Sitz absuchte. An ihrem Gang und ihrer Haltung, als sie herkam, sah ich, dass die Suche erfolglos verlaufen war. Sie bemerkte mich erst, als sie schon fast neben mir stand. »Ist alles weg«, sagte sie, noch immer eher erstaunt als verzweifelt, »Geld, Kreditkarte, Ausweis, Führerschein. Katastrophe.«

Ich schob ihr den Espresso hin. »Haben Sie Ihr Handy noch?«

Sie griff in die Tasche und nahm es heraus. »Ja. Das muss ich wohl am Ohr gehabt haben. Was mach ich jetzt.«

Den letzten Satz sagte sie eher zu sich selbst, aber ich antwortete trotzdem: »Sie rufen an und lassen die Karten sperren, fahren zur nächsten Polizeiwache und melden den Diebstahl, und dort fragen Sie auch, ob Sie Ersatzpapiere brauchen und wo Sie die herbekommen. Sind Sie auf dem Weg nach Hause, oder fahren Sie irgendwohin?«

»Nach Bologna. Eine Woche Italienischkurs.«

»Dann gehen Sie einfach dort zur Polizei. Ist ja nicht mehr weit.«

Sie trank den letzten Schluck von ihrem Espresso, »danke übrigens«, und hob die Tasse in meine Richtung, als proste sie mir damit zu. »Hoffentlich reicht mir der Sprit noch bis dahin. Ich wollte tanken.«

»Ich spendiere einen Tank«, sagte ich und zog mein Geld heraus, »und leih Ihnen was.« Ich legte vier Fünfziger auf den Tisch, einen behielt ich im Geldbeutel.

Sie sah das Geld an, griff aber nicht danach, also stellte ich ihre Untertasse drauf, damit es nicht von einem Windstoß oder flinken Fingern fortgerissen werden konnte.

»Das ist ...«, sie unterbrach sich und sah mich zum ersten Mal an, gleichzeitig legte sie ihre Hand auf die vier Scheine, »sehr nett von Ihnen. Extrem nett sogar.« Ihr Blick war forschend, von einer leichten Skepsis gefärbt, ihr ging nun wohl doch der Gedanke durch den Kopf, ich könnte die Situation zu meinem Vorteil nutzen wollen.

Dann lächelte sie und nahm das Geld. Sie wollte es zuerst in ihre Handtasche tun, aber dann besann sie sich anders und stopfte es in die Tasche ihrer Jeans.

»Ich brauche Ihre Bankverbindung«, sagte sie.

Ich schrieb meine Kontonummer auf einen Notizzettel und gab ihn ihr. »Gehen wir tanken.«

Mein Handy gongte. Es war Viertel nach vier. Regina.

Während die Frau zu ihrem Wagen ging, las ich Reginas SMS: *Wie geht es dir?*

Und antwortete: *Das willst du nicht wissen.*

Die Frau lehnte an ihrem Auto und telefonierte. Sicher, um die Karte sperren zu lassen.

Regina: *Dann würde ich nicht fragen.*

Ich: *Wer ist Claus Bär?*

Jetzt stieg sie ein und fuhr zu den Tanksäulen.

Regina: *Ein Kollege. Ich kenne ihn aus meiner AIP-Zeit.*

Ich: *Und wie lang geht das schon?*

Jetzt steckte der Rüssel in der Tanköffnung, und die Frau sah zu mir her. Sie war hübsch. Schwarze Haare, sicher gefärbt, kinnlang mit Pony, sie sah ein bisschen aus wie Melanie Griffith in »Gefährliche Freundin«.

Regina: *Ein paar Wochen. Tut mir leid.*

Ich: *Und mir erst.*

Regina: *Kannst du in dein Studio ziehen?*

Die Frau hatte fertig getankt. Sie hängte den Stutzen an die Säule, und ich ging zu ihr und mit ihr in den Kassenraum. Während wir warteten, tippte ich: *Bin ich schon. Muss jetzt Schluss machen*, und als der Mann an der Kasse meine Kreditkarte durch sein Maschinchen zog, kam ihre letzte SMS: *Okay.*

Die Frau hatte mich die ganze Zeit über beim Tippen beobachtet, und jetzt, da ich meine Kreditkarte wieder an mich nahm und einsteckte, fragte sie: »Ist das Kummer, was ich da in Ihrem Gesicht sehe?«

Ich war mir nicht sicher, ob ich ehrlich sein wollte, aber nach einem kurzen Zögern sagte ich doch: »Ja.«

»Tut mir leid.«

Ich schüttelte nur den Kopf zum Zeichen, dass ich nicht reden wollte, weil mich ihre Teilnahme nur zu Selbstmitleid verleitet hätte, begleitete sie zu ihrem Auto, wo sie mich auf die Wange küsste und »danke« sagte, einstieg, losfuhr und aus dem geöffneten Fenster winkte.

Ich hatte auf Reginas Frage, wie es mir ging, nicht antworten wollen, weil ich mich erstaunlicherweise gut fühlte. Ich roch auf einmal diesen Fernwehgeruch von Tankstelle und Autobahn, hörte die Stimmen quirligmüder Urlauber, hatte den Kaffeegeschmack noch auf der Zunge, freute mich aufs Weiterfahren und war stolz auf mich, weil ich die bestohlene Frau gerettet hatte, ohne dass es ihr oder mir peinlich gewesen war. Regina hatte kein Anrecht auf diese Nachricht.

Ob die Frau mir das Geld überweisen würde? Ich hatte schon hin und wieder Ähnliches erlebt und das geliehene Geld nicht zurückbekommen. Ich sah das als eine Art Buße für eigene Sünden.

Vielleicht war sie auch eine routinierte Abzockerin, die sich auf diese Weise ihr Urlaubstaschengeld zusammenschnorrte. Aber dann wäre sie eine Meisterin ihres Fachs. Sie hatte mich weder angesprochen noch unter Druck gesetzt, alles war von mir ausgegangen. Allerdings, eine geschickte Betrügerin würde so vorgehen. Egal. Wie auch immer. Ich würde mich überraschen lassen. Und gegebenenfalls den Verlust verschmerzen. Das war früher schon so gewesen, als ich noch nicht im Geld schwamm, jetzt schwamm ich darin, jetzt kam es erst recht nicht darauf an.

&

Nach ein paar Kilometern überholte ich den silbernen Seat, aber die Frau sah nicht herüber zu mir, und auch als ich im Rückspiegel nach ihr schaute, schien sie meinen Wagen nicht zu erkennen. Also war sie ehrlich. Eine Abzockerin hätte gewusst, was für ein Auto ich fahre, hätte sich gezielt vor mich in die Schlange an der Kasse gestellt und ausprobiert, ob der Kerl es von alleine schnallt oder ob sie ein wenig nachhelfen muss. Dachte ich das alles nur, weil ich jetzt Geld hatte? Weil ich mir vorkam wie einer, den man ausnehmen kann? Wurde ich jetzt misstrauisch? Das gefiel mir nicht.

Hätte ich dasselbe getan mit Regina neben mir? Nein. Ich hätte weder gewagt, so viel Geld zu riskieren, noch, einer hübschen Frau aktiv Unterstützung anzubieten. Beides wäre unter Verdacht geraten. Verschwendungsverdacht und Flirtverdacht. Ich hatte aber nicht geflirtet, ich war nur freundlich gewesen. Ich wollte diese Frau nicht auf den Rücksitz locken. Die Zeiten, in denen ich mir so etwas erhofft hätte, waren lange vorbei.

&

Damals, als ich anfing, Musik zu machen, wollte ich, wie wohl jeder junge Mann, ein Casanova sein. Jede Frau schien mir geheimnisvoll, unglücklich und voller Zauber, ich war mir sicher, der Sinn des Lebens befinde sich zwischen ihren Beinen, und alles, was man tut, zielt nur darauf ab, dorthin zu gelangen. Dass man sich als Casanova ziemlich mies verhalten muss, war mir mangels Erfahrung nicht klar, man muss die eine stehen lassen, um die Nächste zu erobern, die man dann ebenfalls für die Übernächste wieder stehen lässt und so weiter. Das, was sie voneinander unterscheidet, ihre Individualität, ist nur scheinbar wichtig, nur ein Gewürz am täglich gleichen Brei, denn man macht sie gleich, wenn man sie für austauschbar hält. Wer behauptet, er liebe »die Frauen«, liebt nur das, was er mit ihnen anstellen will.

Nicht, dass ich durch eigenes Erleben zu solchen Einsichten gelangt wäre, bei mir standen die Groupies nicht Schlange, um mir die Kleider vom Leib zu reißen. Die Art von Musik, die ich machte, melancholisch-konzertante, eher rätselhafte Lieder, war nicht direkt der Stoff, der leichtfertige Mädchen anlockte. Die wenigen Affären, die für mich dabei heraussprangen, waren meist mehr oder weniger flüchtige Liebschaften, nur sehr selten genoss ich das Rock-'n'-Roller-Privileg eines ganz und gar unverbindlichen One-Night-Stands mit anschließendem Hotelfrühstück und Abschied für immer am Tourbus.

Viel später, schon zu Agenturzeiten, wurde mir klar, dass ich in diesen erotischen Spots wohl viel zu oft die unrühmliche Rolle eines schlechten Liebhabers gespielt hatte, und ich schämte mich. Die Frauen hatten nichts von mir gehabt, hatten sich mir spendiert und waren ohne Erfüllung nach Hause gegangen, weil ich um ihre Eigenheiten nicht gewusst und vor lauter Begeisterung über mein Glück nur genommen hatte, nichts gegeben.

Irgendwann, lang bevor ich Regina traf, hatte ich den Casanova-Plan ad acta gelegt und aufgehört, den weiblichen Teil der Menschheit pauschal für großartig zu halten. Nur noch einzelne Frauen ragten aus der monoton gewordenen Menge hervor und gingen mir ans Herz, und als ich Regina gefunden hatte, wichen auch die wie hinter eine Glaswand zurück und konnten nicht mehr mithalten. Waren nur noch Erinnerungen an frühere Entzündlichkeit. Zitate meiner Sehnsucht als junger Mann.

Parma und Modena lagen hinter mir, und ich näherte mich Bologna. Musik hörte ich nicht, die Autobahn war eng und sehr belebt, ich brauchte meinen Kopf, um den Verkehr zu überblicken. Ich wollte inzwischen nicht mehr nach Florenz, sondern nach Lucca. Paul hatte mir davon vorgeschwärmt, und der Herr Ziegler rechnete erst morgen mit mir. Florenz war Regina-Land, dort würde mich jede Ecke an sie erinnern, jeder Laden, in dem sie nach endlosem Anprobieren irgendwas gekauft hatte, das sie dann wegen seiner Extravaganz nie anzog, jedes Schaufenster, in dem sie sich verloren hatte, jedes Café oder Restaurant, in dem wir gesessen hatten, das wäre ein Quälprogramm. Florenz kam nicht infrage.

&

Meine Gedanken an das viele Geld waren durch die Frau an der Tankstelle wieder aufgerührt worden, und ich suchte nach dem Glücksgefühl in mir, das ich gestern Morgen noch gespürt hatte, aber alles, was ich fand, waren Fragen an Regina, warum sie mich wegwarf, was an mir so falsch gewesen sein sollte, dass ich einfach so zu ersetzen war durch irgendeinen Doktor, der feuchte elektrische Briefe schrieb.

Hatte das etwa auf Umwegen mit Geld zu tun? War ich ein Sicherheitsrisiko für sie? In den letzten Jahren hatte ich nicht besonders gut verdient, es immer gerade so geschafft, meine Fixkosten, Studiomiete, Versicherungen und Zinsen für die Wohnung aufzubringen, ich war stolz darauf, Regina nicht auf der Tasche zu liegen, ich hätte es vermutlich nicht ertragen.

Paul hatte immer wieder kleinere Jobs für mich, aber die große Boomzeit in der Werbewirtschaft, in der ich eine Zeit lang blendend verdient hatte, war seit ein paar Jahren eindeutig vorbei, und es gab keinen Plan B für mich zur Geldbeschaffung. Ich musste einfach warten auf Pauls Anrufe, pünktlich liefern und hoffen, dass er irgendwann doch wieder mit einer Präsentation für Daimler, einem großen Katalog oder Reiseprospekt ankommen und mir damit Luft für ein paar Monate verschaffen würde.

Im Boom hatten wir die Wohnung gekauft und geglaubt, wir könnten sie in wenigen Jahren abbezahlen. Aber das gelang nur Regina, sie nahm jede Möglichkeit zur Sondertilgung wahr, während ich auf meinem Teil Schulden sitzen blieb, weil ich nur noch die Hälfte verdiente, aber das Doppelte an festen Kosten hatte. Die Miete für mein Studio fiel nun doch ins Gewicht, aber ich dachte nie daran, es aufzugeben, weil in der Wohnung kein Platz für Ordner, Musikinstrumente, Elektronik und die Unmenge an Büchern, Platten und CDs war, die ich auf keinen Fall missen wollte.

Für Regina konnte es so aussehen, als sei ich faul, hinge einfach nur herum, läse Zeitung und Bücher und wartete darauf, dass mir wieder Arbeit angetragen wurde, anstatt etwas Neues aufzutun. Aber was hätte ich auftun sollen? Krimis schreiben? Heftchenromane? Eine Tanzband? Ich hatte immer wieder über solche Möglichkeiten nachgedacht, aber jedes Mal, wenn ich halbherzig anfing, konkret zu werden, kam wieder ein Anruf von Paul, und ich war für ein paar Tage oder Wochen beschäftigt.

Hatte Regina Angst gehabt, die Bank könne ihr die Wohnung nehmen? Weil ich meinen Teil so langsam tilgte? In zwanzig Jahren wäre ich damit fertig gewesen. Vielleicht war ihr der Gedanke unerträglich, noch so lange darüber im Unklaren zu sein.

Jetzt, da ich über all das nachdachte, fiel mir auf, dass wir fast nie davon gesprochen hatten. Ich war bei diesem Thema so empfindlich, dass ich nach wenigen Sätzen schon dicht machte und dagegenhielt. Wir bekamen augenblicklich Streit, wenn mich nur der Verdacht beschlich, sie könne mich für leichtsinnig halten, ich war bis ins Knochenmark hinein gekränkt, wenn auch nur der vage Vorwurf anklang, ich läge ihr auf der Tasche und belaste sie mit irgendwelchen Extravaganzen wie einem neuen Computer oder Handy oder Videorekorder.

Ich bog vor Florenz ab in Richtung Lucca und kroch im zähen Feierabendverkehr nach Westen auf eine große rote Sonne zu, die erst in zwei, drei Stunden untergehen würde.

&

Die Stadt war von einer Mauer umgeben, und ich nahm das erste Tor, hatte Glück und konnte vor einer Touristeninformation parken. Allerdings nur zehn Minuten, aber das würden die Wächter hoffentlich nicht so eng sehen. Drinnen, an der Theke, hatte ich wieder Glück, die Schlange war kurz, und mir wurde nach wenigen Minuten von einem englisch sprechenden Herrn ein Hotel empfohlen und der Weg dorthin erklärt.

Natürlich verfuhr ich mich und musste in einer Fußgängerzone zurückstoßen, weil sie zu schmal war, als dass ich hätte wenden können. Und sie war voller Menschen. Zu Hause wäre ich jetzt alle zehn Zentimeter angepöbelt worden, hier fragte mich ein alter Herr, wo ich hinwolle, erklärte mir den Weg und zeigte mir, noch aus der Entfernung winkend, die Stelle, an der ich einbiegen musste, als ich weit genug zurückgefahren war. Und keiner der Passanten, die ich mit meinem dicken Monster belästigte, indem ich im Schritttempo durch das Gewühl kroch, zog auch nur ein ärgerliches oder indigniertes Gesicht. Ich werde Italiener, schwor ich, ich kauf mir einen Fiat und werde Italiener. Als ich beim Hotel ankam, war ich nass geschwitzt.

Der Portier lächelte, als er mich sah, einen Anzug und ein paar Wäschestücke überm Arm und eine Plastiktüte mit Waschzeug in der Hand. Er zeigte mir mein Zimmer, bat um meinen Ausweis und fuhr anschließend mit mir zum irgendwo in der Stadt versteckten Parkplatz, den ich niemals alleine gefunden hätte. »Bella macchina«, sagte er.

»Ma troppo grande per qui«, sagte ich.

&

Ich stand allein im Zimmer, öffnete das Fenster, und dann kam es wie ein Schock: Regina ist nicht da. Sie wird nie mehr da sein. Sie kommt nicht gleich aus dem Badezimmer, wo sie alles hübsch aufgestellt hat, was klimpert und klappert, wenn ich morgen aufwache und sie schon geduscht hat. Sie kommt nicht, strahlend vor Entzücken über das schöne Zimmer, herein und fragt mich, ob sie jetzt lieber müde ist oder Hunger hat, sie inspiziert nicht den Schrank und die Minibar und sagt nicht: »Mensch, Daggl, ist das schön hier.« Jetzt nicht und nie mehr.

Mein Fenster ging auf einen kleinen Lichthof. Direkt gegenüber saß eine junge Frau am Computer und tippte. Sie hörte Dire Straits. Ich schloss mein Fenster wieder.

Nicht wegen Dire Straits, gegen die hätte ich nichts gehabt, sondern um der Frau nicht direkt auf den Schreibtisch zu starren.

Ich ging raus.

Paul hatte recht, die Stadt war umwerfend schön. Und alles war für Einheimische, Studenten, Professoren, Bürger, Italiener, nicht wie in den berühmteren Städten für Touristen, ich fühlte mich wie ein Besucher und nicht wie einer, der den Laden kaufen soll. Immer wieder taten sich Plätze auf, dominiert von Kirchen oder Palästen, einer auch ganz mit Bäumen bestanden, nirgends ein Auto, überall Menschen, die entweder ein Ziel zu haben schienen, dem sie mit gemessener Eile zustrebten, oder alle Zeit der Welt. Regina wäre begeistert gewesen. Sie hätte mich in jede Kirche gezogen, weil sie wusste, dass darin ein Fra Angelico oder Piero della Francesca zu sehen war, sie hätte geduldig mit mir die Gemüsestände betrachtet und ich mit ihr die Auslagen der Schuhgeschäfte. Und wir wären sicher auf die Stadtmauer gegangen, um dort oben die ganze Stadt zu umrunden. Das würde ich morgen tun. Allein.

Zeigte sie diesem Claus auch ihre verzagte Seite? Das wäre fast noch schlimmer, als dass er ihren Körper überall berühren durfte, aus jeder Perspektive sehen, ihn beugen oder streicheln, seinen Wünschen gefügig machen. Die Vorstellung, dass er sie ängstlich, unentschieden und voller Zweifel erleben konnte, tat mir noch mehr weh als die pornografischen Filmchen in meinem Kopf. Aber vielleicht waren sie noch nicht so weit. Ein paar Wochen, hatte sie gesagt, es war gut möglich, dass er bislang nur die entschiedene und tatkräftige »Biene« kannte. Ich hatte die zögerliche und grüblerische erst lange nach unserem provençalischen Höhenflug entdeckt.

War das vielleicht meine Chance? Wenn ich abwartete und darauf spekulierte, dass er mit ihrem Doppelwesen nicht umgehen konnte? Es war gut möglich, dass er den blitzartigen Umstieg nicht mitbekam, wenn sie von einem Augenblick zum nächsten genau die Stärke und Selbstsicherheit verlangte, die sie eben noch angegriffen hatte. Ich würde vielleicht nur Geduld brauchen und eine Wohnung in Venedig, und alles konnte wieder werden wie vorher. Wenn ich es schaffte, die Bilder aus dem Kopf zu bekommen, die er gesehen hatte. Ihre Brüste, wie sie aus dem T-Shirt fallen.

Nachdem ich fast zwei Stunden gegangen war, setzte ich mich an einen Tisch vor einem winzigen Restaurant, bestellte Tagliolini mit Artischocken, einen halben Liter Wein und schrieb eine SMS.

Kannst du alles, was gut an mir war, einfach so hinter dich werfen?

Und schickte sie an Regina.

Ob ich kann, weiß ich nicht, aber dass ich will, weiß ich, war ihre Antwort.

Und wenn du nicht kannst?, schrieb ich.

Regina: *Weiß nicht.*

Ich: *Und wenn ich mich ändere?*

Regina: *Daran glaube ich nicht.*

Die Bedienung stellte mir eine Karaffe und ein Glas hin. Ich nahm einen Schluck, freute mich am Geschmack, es war ein Nero d'Avola, samtig und tiefdunkel, und die Flüssigkeit legte sich um meine Zunge mit der gleichzeitigen Wirkung von Besänftigung und Reiz. Ich schrieb:

Kannst du mir das alles ein bisschen genauer erklären als nur mit dem lapidaren Satz, ich lebte nur im Kopf?

Und ich zündete mir eine Zigarette an. Und begriff mit Erstaunen, dass ich mich gleichzeitig in zwei völlig verschiedenen Zuständen befand. Einerseits gedemütigt und niedergeschlagen, ein lächerliches Klischee, der Mann, der sich mit schmerzdurchwirkter Brust nach Italien verzog, um dort irgendwas zu finden, im schlimmsten Fall sich selbst, und andererseits hochfliegend, genießerisch und offen für Eindrücke, ein glücklicher Mann, der auf der Butterseite des Lebens gelandet war und dort noch einiges vorhatte.

Regina: *Morgen daheim. Ich schreib dir eine E-Mail. Okay?*
Ich: *Okay.*
Mein Essen kam. Es schmeckte herrlich.

&

Ich ging noch um die ganze Stadt. Es dämmerte, als ich die Mauer bestieg, und ich sah hier und da Pärchen, die die Nacht herbeisehnten. Später, als es richtig dunkel war, machte ich sie mit irgendeinem Geräusch auf mich aufmerksam, wenn ich mich näherte. Nach einer Stunde hatte ich etwas mehr als die Hälfte der Stadt umrundet und immer mal wieder meinen Schritt beschleunigt, wenn ich fürchtete, ich könnte blauäugig mitten im Schwulentreff oder Deal gelandet sein.

Manchmal sah ich in den Fenstern, wie eine Spülmaschine eingeräumt wurde, ein Hemd gebügelt oder ein Buch gelesen, telefoniert, ferngesehen oder eine Stereoanlage mit einer CD beschickt, ich gab mir Mühe, nicht stehen zu bleiben, obwohl es mich anrührte und fesselte, ins Leben anderer Menschen zu blicken. Es war mir so fremd wie mein eigenes.

Als ich wieder an der Stelle ankam, wo ich losgegangen war, hatte sich der Platz am Fuß der Treppe mit Hunderten junger Leute gefüllt. Ob es hier ein Jugendzentrum gab? Das brauchte keiner. Plätze und warme Nächte sind besser.

Ich hätte gern noch ein Glas Wein getrunken, aber alles war zu. Ging ich eben schlafen.

Die junge Frau tippte immer noch, aber jetzt hörte sie Celine Dion, ich erkannte den »Titanic«-Titelsong. Ich schloss mein Fenster wieder, obwohl ich gern die frische Nachtluft um mich gehabt hätte, aber ich wollte weder mit Celine Dion im Ohr einschlafen noch die Frau mit eventuellem Schnarchen bei ihrer Examens- oder Doktorarbeit, ihrem Roman oder Abschiedsbrief, was auch immer sie da schreiben mochte, stören.

Abschiedsbrief. Schlechte Assoziation.

&

War ich ein Fatalist? Musste ich mir Wespes Absprung einfach gefallen lassen? Wieso eigentlich? Weil ich ein Weichei bin? Weil man mit mir eben verfahren kann, wie es jeweils passt? Ich hatte mir immer alles nehmen lassen und nie die Zähne gezeigt oder, wie in Eckis Fall, zu spät.

Meine Musiker hatten konsequent, jeder für sich, ihrer jeweiligen Geschmacksreligion gehuldigt und damit einen unverdaulichen Stilmix erzeugt, Ecki hatte sich bei mir bedient und mich dann abgesprengt, wie eine nutzlos gewordene Antriebseinheit, und jetzt war Regina auf einmal im siebten Himmel mit irgendeinem Doktor, der nicht im Kopf lebte. Wahrlich nicht, nach dem, was er da schriftlich zum Besten gab. Musste ich das zulassen?

Ich öffnete jetzt doch das Fenster. Es war Viertel vor drei, und die junge Frau hatte das Licht ausgeschaltet. Ich hörte auch keine Musik mehr.

Die Frage, ob ich das zulassen müsse, war erstens rhetorisch und zweitens dumm. Ich wollte es so. Ich beschützte irgendetwas in mir, das sich nicht anders beschützen ließ. Vielleicht meine Würde. Meine Selbstachtung. Ich werde nicht kleinlich sein. Nicht in der Musik, nicht in der Liebe und schon gar nicht jetzt, da ich anderen Schutz, nämlich Geld, habe. Sollte aus Wespes T-Shirt purzeln, was wollte, sollte ihr promovierter Galan darüber schriftlich, urologisch oder oral verströmen, was er an Flüssigkeiten aufzubieten hatte, es ging mich nichts mehr an. Es war nicht mehr mein Leben. Wespe hatte mir gekündigt, und ich musste allein weiterkommen. Ohne Ersatz, den konnte ich mir nicht vorstellen, den konnte es nicht geben, und den würde ich nicht suchen, aber ich hatte mich. Und ich bin nicht die schlechteste Gesellschaft. Ich nannte sie schon wieder Wespe. Das wollte ich doch nicht mehr.

&

Das Gute am Reisen, das, was jeder darin sucht, ist die Einfachheit des Lebens. Nicht im asketischen oder frugalen Sinne, sondern im mentalen. Es geht um rudimentäre Dinge: ein Dach überm Kopf am Abend, ein Essen zwischen die Zähne, den Parkplatz wiederfinden oder rechtzeitig am Bahnhof sein, die Zeit zwischen A und B totschlagen, den Ausweis nicht verlieren, den Koffer wieder zukriegen – alles ist einfach. Wer reist, wird nicht zu sich selbst finden, er entkommt sich. Alles, was den Charakter fordert, belastet und prüft, ist zu Hause. Dort sticht der Alltag mit vielen kleinen Nadeln, schluckt man Gift, brennt die Luft und sitzen die Waffen locker für all die Scharmützel, durch die keiner Land gewinnt, aber jede Seele allmählich erodiert. Reisen macht dumm. Ich war lange genug unterwegs, um das zu wissen. Und es war mir recht. Genau das wollte ich jetzt. Dumm sein.

Ich ließ das Hotelfrühstück aus und suchte mir ein Café im Freien. Ich war verliebt in die ganze Stadt. Sie gefielen mir alle, wie sie da, ihren eigenen Songlines folgend, in mein Blickfeld und wieder hinaus spazierten, jeder ein Star im eigenen Leben und alle zusammen eine kleine Milchstraße im Sonnensystem Lucca. Der Cappuccino schmeckte hervorragend, der Tramezzino ebenfalls, es ging mir gut, ich fühlte mich dumm genug für heute und, wer weiß, wie lange es hielte, vielleicht auch für die nächsten Tage.

Als ich das grimmige Gesicht meiner Riesenmaus auf dem Parkplatz sah, begrüßte ich sie. »Hallo, Raumschiff«, sagte ich, »wie war die Nacht?«

Geht das schon los, dachte ich, zuerst mit dem Auto reden, dann mit sich selbst und dann nur noch in Schleifen. Ich muss aufpassen. Ein Trottel werden will ich nicht.

Ich fuhr durchs Stadttor und nahm mir vor, hier wieder herzukommen. Dann schwebte ich davon. Durch die Vorstadt zur Autobahn, nach Florenz, daran vorbei und dann von der Abfahrt Firenze-Sud auf die Strada statale nach Siena. Ohne Musik. Der Anblick war mir genug.

&

Aber ich hörte Musik im Kopf. »Pilota di guerra« von Francesco De Gregori, immer wieder die Zeile »e come è solo un uomo lo so solo io« und den schlingernden, singenden, maunzenden Bass, der das Schweben über den Wolken, »oltre le nuvole«, so nachfühlbar abbildet.

Jetzt, in der Ferienzeit, war das Sträßchen, auf dem ich nach Süden fuhr, voller Wohnmobile, Motorräder und Familienvehikel, ich musste hier außerhalb der Saison wieder her und mit meinem Bodenraumschiff durch die Kurven tanzen, die ich mir dann nur mit Einheimischen, Handwerkern, Bauern und Lieferanten, teilen würde. Und mit jedem Schwung in eine neue Bilderbuchseite gleiten. Es war herrlich. Nur dass mir Wespes Jauchzer und Seufzer fehlten.

Ich fuhr durch Greve in Chianti, durch Panzano, nahm mir vor, diese beiden Orte in den nächsten Tagen zu besuchen, und war kurz darauf in Castellina, wo ich an der Stadtmauer parkte und mir ein Café suchte.

&

Gut, dass ich nach dem Weg gefragt hatte. Die Fattoria Gallo Rosso hätte ich nicht freihändig gefunden. Es ging ein Stück in Richtung Poggibonsi, dann über staubige Wege, auf denen ich mich nicht für einen Jeep geniert hätte – ich fuhr sehr vorsichtig und langsam, weil ich nicht mit der Ölwanne oder Auspuffanlage aufsetzen wollte. Auf die Idee, mein Navigationssystem zu benutzen, kam ich nicht.

Das Anwesen lag oben auf dem Hügel, wie die meisten hier, ein Herrenhaus mit drei Stockwerken und, etwas entfernt davon, drei flache Funktionsbauten, von denen zwei zu Apartments mit Balkonen umgestaltet waren. Die letzten Meter fuhr ich über knirschenden Kies, bis zur Einfahrt auf den Vorplatz, der von einem Mann mit Halbglatze und fusseligem Haarkranz gefegt wurde. Das musste Herr Ziegler sein, er war genau die Sorte, die ins Toskanageschäft einsteigt. Sensibel, ökologisch, immer im Recht. So sah er jedenfalls aus.

Er blickte mir skeptisch entgegen, diese Art von Auto war hier sicher nicht üblich, vielleicht dachte er, ich hätte mich verfahren, oder hielt mich für den Mann, der das Schutzgeld kassiert. Nein, der käme mit einem Geländewagen. Aber wusste er das? Mein Freiburger Nummernschild konnte er nicht sehen, da war eine niedrige Hecke zwischen Kiesweg und Vorplatz. Sein Blick war alles andere als einladend, gastfreundlich oder auch nur höflich. Er wünschte mich sichtlich zum Teufel. Ich stieg aus.

»Buon giorno«, sagte ich, »cerco il Signore Ziegler.«

»Das bin ich«, sagte er.

»Das dachte ich mir«, sagte ich.

»Was kann ich für Sie tun?«

»*Ich* soll was für *Sie* tun«, sagte ich, »nämlich die neuen Texte für den Internetauftritt und Prospekt schreiben, ich bin Robert Allmann, wir haben telefoniert.«

»Ach so«, jetzt erschien ein Lächeln auf seinem Gesicht, wenn auch kein besonders herzliches, eher war es pflichtschuldig und gezwungen, es gehörte sich eben so, »ich dachte wegen des Autos ... der Wagen ist irgendwie nicht ... Willkommen jedenfalls. Schön, dass Sie da sind. Wie war die Fahrt?«

Er lehnte seinen Besen an die Wand, gab mir die Hand, und sein Lächeln wurde frei und nett. »Entschuldigen Sie«, sagte er, »ich hab so blöd geguckt, weil ich dachte, Sie sind der Anwalt, mit dem mir ein Geschäftspartner grad vorher am Telefon gedroht hat. Tut mir leid.«

»Dickes Auto, Mann im Anzug«, sagte ich, »verstehe.«

»Kommen Sie«, er ging mir voraus um die Ecke zum Eingang, »ich zeig Ihnen Ihr Zimmer und nachher, wann Sie wollen, den ganzen Laden.«

Er führte mich zwei Treppen hoch in eine kleine Suite mit Blick über die Hügel, charmant eingerichtet mit unprätentiösen Antiquitäten, einem Wandschrank mit tapezierter Tür und einem kleinen, hübschen Bad. Wenn ich mich aus dem Fenster lehnte, sah ich die anderen Gebäude, die rechts von mir hügelabwärts lagen, ein Schwimmbad, einen Spielplatz, einen kleinen Streichelzoo mit Esel, Ziege, Schaf und Pony und den Parkplatz, auf dem Kombis und Vans, ein Renault Kangoo und ein Mazda-Cabrio standen. Kein Wunder, dass dem Herrn Ziegler mein Auto nicht koscher vorgekommen war.

Ich hängte und legte meine Sachen in den Schrank, verteilte die Waschutensilien im Bad und warf mich aufs Bett, um dem Gezwitscher der Vögel und dem Geschrei der Kinder am Pool zu lauschen. Und schlief ein.

&

Und hatte Sex mit Regina im Traum, ordinären, zielbewussten Quickiesex, den genossen zu haben mich nach dem Aufwachen ein wenig beschämte. Sie hatte sich mit dem Rücken zu mir nach vorn gebeugt, ihren Rock hochgeworfen, ihren Slip abgestreift, und ich hatte mich wie ein Bauer im Stall mit der Magd an ihr zu schaffen gemacht und wütend, sarkastisch und vielleicht sogar höhnisch gerufen: »Ist das jetzt etwa nur in meinem Kopf?«

&

Ich durfte im Zimmer nicht rauchen, also ging ich hinunter, bestellte mir an der Bar im Erdgeschoss bei einer blondierten Osteuropäerin im zu engen Pullover und mit zu breiten Kajalrändern um die Augen einen Cappuccino und setzte mich auf die Terrasse. Sie stellte mir, ohne zu lächeln, die Tasse hin, und ich wagte nicht, sie in meinem rudimentären Italienisch zu fragen, wo sie herkam. Tschechien? Polen? Baltikum? »Di dove lei venite?« Wäre das richtig gewesen? Lieber nicht blamieren.

Irgendwann knirschte der Kies hinter mir, ich drehte mich um, und eine Frau in Jeans und T-Shirt kam auf mich zu. Sie lächelte: »Sind Sie der Robbi Allmann, der früher mal Musik gemacht hat?«

Ich stand auf.

»Ja, Sie sind es«, sagte sie, »ich erkenn Sie wieder von der Plattenhülle. Ich bin Kerstin Ziegler.«

»Das ist lang her«, sagte ich und schüttelte ihr die Hand, »Sie müssen ein Kind gewesen sein damals.«

»Nett, dass Sie das sagen, aber: nein. Ich war schon im zweiten Semester«, sagte sie und setzte sich zu mir an den kleinen Blechtisch. »Irina«, rief sie laut in Richtung Bar, »un mineral«, und griff nach meiner Zigarettenschachtel. »Darf ich? Spendieren Sie mir eine?«

»Aber ja. Gern.« Ich holte mein Feuerzeug aus der Tasche, gab ihr Feuer und zündete mir selbst eine an.

Sie sang: »Jeder ist genau der gleiche Individualist wie jeder andere«, den Refrain eines meiner Songs, der eine Zeit lang oft im Radio gelaufen war. »Das war mein Lieblingslied von Ihnen. Hab ich rauf und runter gehört.«

Irina brachte das Mineralwasser, diesmal lächelnd, und Frau Ziegler erzählte mir von einem Konzert in Endingen, von dem sie damals beeindruckt gewesen sei. Sie stammte aus Sasbach, hatte in Freiburg studiert, Französisch und Geschichte auf Lehramt, war dann aber statt an der Schule in einer Ausflugskneipe gelandet, wo sie eines Tages Rainer, ihren Mann, kennengelernt hatte, mit dem sie sich, weil er Winzer war, später nach einer Erbschaft auf das toskanische Wagnis einließ. Sie redete und redete, ich musste ihr kaum Stichworte geben, alles rieselte wie von selbst aus ihrem Mund, und sie schien nicht aufhören zu wollen, bis ich ihre vollständige Geschichte gehört und verstanden hätte. Wie meine Mutter. Die hatte damals auch immer gleich losgelegt, als gelte es, sich mit einem ganzen Lebensbericht gegenüber Fremden auszuweisen. Es war mir recht. Davon konnte ich das eine oder andere vielleicht für meinen Text gebrauchen.

Aber während ich Kerstin Zieglers Erzählung lauschte, wie man damals um die Rückkehr zu klassisch-ökologischem Wein- und Olivenanbau gerungen hatte, jedem Arbeiter, jedem Lieferanten und jedem Abnehmer ganz von vorn erklären musste, dass die überkommene Methode zwar mühsamer, aber viel besser sei, wie man mit den Banken gepokert und gerangelt und sich mit Bluff und Dickkopf schließlich irgendwann durchgesetzt hatte, sah ich Regina neben mir sitzen, wie sie das Gähnen unterdrückte, in die Gegend schaute, versuchte, ihre Ohren zu verschließen vor dem nicht mehr versiegenden Redebach, und ich begriff wie durch eine Kopfnuss mit Siegelring ins Gehirn gestempelt: Das alles war nichts ohne sie. Allein an schönen Orten zu sein war, wie eine Zeitschrift durchzublättern. Ohne den Glanz in ihren Augen fehlte all dem hier die dritte Dimension.

Ich musste diesen Irrtum aussitzen. Sie täuschte sich, wenn sie glaubte, ein bisschen Milch und Honig bescherten ihr ein besseres Leben als das mit mir. Zwar durfte ich ihr nicht sagen, dass ich unendlich viel Geld hatte, sonst würde ich immer an ihrem Motiv zweifeln, aber ich konnte warten, bis sie von selbst darauf kam, dass ich der Mann fürs Leben war und nicht der steife Gummibär, auf den sie alles, was mir fehlte, projizierte.

Mein Traum hätte ein bisschen anders gehen sollen: Der Mann hinter ihr wäre Claus Bär gewesen, und ich hätte danebengestanden und ihm entgegengeschleudert: »Das ist nur in meinem Kopf. *Du* bist nur in meinem Kopf. Wenn ich aufwache, bist du weg.«

Er war nicht nur in meinem Kopf. Und er war nicht weg. Vielleicht schrieb er schon wieder eine seiner glitschigen Episteln. Wenn er nicht gerade mit Regina aus dem Flugzeug stieg. Oder sich gar in unserer Wohnung ausbreitete.

Anscheinend hatte ich einem weiteren Cappuccino zugestimmt, denn Irina kam mit einem Tablett und tauschte meine leere Tasse gegen eine volle. Frau Ziegler sprach inzwischen vom Direktmarketing, das sie und ihr Mann anstrebten, weil sie den Ärger mit dem Zwischenhandel los sein wollten und vor allem ihr Olivenöl, aber auch der Wein inzwischen ein Niveau erreicht hätten, das ein solches Wagnis rechtfertige. »Mit einem Finanzier wäre das alles viel einfacher«, sagte sie.

Wieso sagte sie das? Meinte sie mich? Schlossen die beiden von meinem dicken Auto auf ein dickes Konto und wollten mich kapern? Stünde sie dann heute Nacht in meinem Zimmer, um mich zu verwöhnen? Oder schickte sie die kurvige Irina? Ich musste mich selbst zur Ordnung rufen. Alles passierte zwar nicht in meinem Kopf, aber doch eine ganze Menge. Und recht viel Blödsinn.

Sie war hübsch. Nicht so evangelisch, kernseifig und verzichtlerisch, wie ich sie mir nach dem Anblick ihres fusselhaarigen Mannes vorgestellt hatte, sondern lebenslustig und offen, mit einem schönen Mund, der zwar nie stillstehen wollte, aber dafür auch keine verkniffenen Gemeinplätze über zum Beispiel den bösen Kommerz, die seelenlosen Banken oder gar das nahende Ende allen Lebens auf der Erde absonderte. Und ihre Augen waren fröhlich und grün. Sie dürfte mich verwöhnen.

Nach einer Weile stand sie auf, weil sie im Ort den Laden der Kooperative öffnen musste. Den betrieben einige Produzenten gemeinsam und wechselten sich mit dem Verkauf ab.

»Soll ich Sie hinfahren?«, fragte ich, denn ich wollte sowieso ein bisschen durch die Gegend kurven, mir zumindest Panzano und vielleicht auch Greve ansehen.

»Gern«, sagte sie.

&

Ich setzte sie am Stadttor ab und fuhr nach Panzano weiter, dort sollte es ein Internetcafé geben. Direkt an der Durchgangsstraße, hatte Frau Ziegler gesagt, ich könne es nicht verfehlen.

Die Strecke war zu kurz, um ein ganzes Album anzuhören, deshalb ließ ich den iPod im Handschuhfach liegen, wo ich ihn vor dem Aussteigen verstaut hatte, um keine Diebe anzulocken. Aber »Pilota di guerra« lief wieder rund in meinem Kopf, während ich mich von den nahezu geräuschlos arbeitenden Muskeln des Motors durch die Hügel ziehen ließ, deren Schönheit jeden Deutschen mit Abitur um den Verstand bringt. Mich auch. Obwohl ich kein Abitur habe.

Das Berufsziel Rockstar verlangte damals nichts weiter als leidliche Instrumentenbeherrschung und hinreichenden Größenwahn. Kein Abitur. Ob es an Astrids Begeisterung für Sex oder für Peter Frampton gelegen hatte, nach dem halben Jahr mit ihr war ich für die Schule verloren. Auch die Verzweiflung meiner Eltern hielt mich nicht mehr davon ab, alles hinzuschmeißen und mich einer Soulband anzuschließen, die ihr Geld damit verdiente, viermal in der Woche in den Mannschafts- und Unteroffiziersklubs der amerikanischen Kasernen zu spielen. Das war meine harte Schule in Timing, Entertainment und Satzgesang gewesen.

In Panzano wendete ich den Wagen, weil ich einen Parkplatz direkt gegenüber dem Internetcafé gesehen hatte. Schade, dass die Computer nicht auf der kleinen Terrasse vor dem Café standen, hier hätte ich lieber gesessen, denn drinnen durfte man, wie inzwischen überall in Italien, nicht rauchen.

Ich hatte auf die angekündigte Mail von Regina gehofft, aber dafür war es wohl noch zu früh. Wer weiß, ob sie überhaupt schon zu Hause war. Vielleicht schwebte sie ja noch oltre le nuvole von Basel. Aber Claudia hatte geschrieben:

Lieber Robbi, danke für das Geld, ich bin unendlich erleichtert und vergleichsweise entspannt, obwohl ich mein Glück noch immer nicht so richtig fassen kann. Ecki hat mir tatsächlich einen Abfindungsvertrag in den Briefkasten geworfen. Er will mir die Wohnung überschreiben, ohne Hypotheken, und außerdem noch fünfzigtausend Euro überweisen. Er tut so, als koste ihn das viel Mühe, aber schließlich wolle er fair sein und es mir leicht machen. Der Gute. Ich habe einen Anwalt konsultiert – der will sofort die Scheidungsklage einreichen und außerdem versuchen, bei der Lottogesellschaft eine Bestätigung des Gewinns einzuholen. Bis jetzt bist du ja mein einziger Zeuge – der Anwalt sagt, Ecki könnte versuchen, das Geld beiseitezuschaffen, wenn er zu viel Zeit dafür hätte. Deshalb solle ich ihn auch jetzt erst mal im Glauben lassen, ich nähme den Vertrag an. Drück mir die Daumen, dass es klappt. Ich danke dir für alles. Herzlich, Claudia.

Alles andere im Postfach war löschbarer Mist, also ging ich aus dem Netz, bezahlte und setzte mich mit meinem Espresso auf die Terrasse.

Jetzt hätte ich einen Laptop gebrauchen können, um mir Notizen zu machen, vielleicht sogar schon richtig mit meiner Touristenlockprosa anzufangen. Ich hatte nicht mal Papier eingesteckt. Unprofessionell. Hier in diesen Dörfern würde ich keinen Schreibwarenladen finden, ich musste nach Siena. Nicht um einen Laptop zu kaufen, das war Blödsinn, ich wollte keinen, aber Papier und einen Kuli würde ich dort finden. Und eine Tageszeitung vielleicht. Hier war es mir ohnehin zu eng geworden, weil sich ein Amerikaner mit Rucksack direkt neben mich gesetzt und begonnen hatte, Postkarten zu schreiben. Mir gegenüber saßen drei junge Leute, zwei Männer, die offenbar um dieselbe Frau warben, jedenfalls machten sie mir zu viel Lärm beim Versuch, sich gegenseitig zu übertrumpfen. Nur die Frau, eher ein Mädchen, vielleicht Anfang zwanzig, war still. Ich stand auf und ging zum Wagen.

&

Gerade rechtzeitig, denn jetzt wurde auch die Frau laut. Ich verstand kein Wort, aber es klang, als ob sie sich stritten. Als ich einstieg, rannte sie heran, rief: »Signore, Signore, per favore!« und gestikulierte alarmierende Zeichen in meine Richtung. Was hatte ich denn damit zu tun? Hatte ich was auf dem Tisch liegen lassen, und sie wollte es mir bringen? Ich griff instinktiv nach meiner Hosentasche – der Geldbeutel war da, Feuerzeug und Zigaretten ebenfalls –, da war sie schon an meiner Beifahrertür, öffnete und sah mich mit bittenden Augen an: »Posso?«, sagte sie. »Can I come with you?«

Ich war völlig überfordert, nickte und zuckte gleichzeitig die Schultern, sie stieg ein, die Männer auf der Terrasse riefen ihr irgendwas hinterher, ich stieg ebenfalls ein, startete und fuhr los.

»Grazie«, sagte sie.

Ich nickte nur.

»Lei va a Siena?«, fragte sie. »La direzione?«

»Si«, sagte ich.

Sie seufzte, schaute zurück und schnallte sich an, verschränkte die Arme und sah trotzig nach vorn.

Ich schwieg.

Da sie auch schwieg, versuchte ich mich zu entspannen, ich war ärgerlich, denn sie hatte sich mir aufgedrängt und mir keine Wahl gelassen, es war ungemütlich im Auto. Und würde so bleiben in den nächsten zwanzig Minuten. Ich machte aus Verlegenheit das Radio an. Den iPod wollte ich nicht aus dem Handschuhfach kramen, um erstens nicht so nah an ihr vorbeizufummeln und zweitens das teure Gerät nicht zu zeigen. Wer weiß, ob sie ihn beim Aussteigen klauen würde. Ich ärgerte mich über mich, mein Misstrauen, meinen Mangel an Durchsetzungsvermögen oder was auch immer es ihr so leicht gemacht hatte, mich einfach als Taxi zu benutzen, und schließlich meine Kleinlichkeit. Es kam italienisches Gerede. Der Sender hatte sich von selbst eingestellt.

Nach einigen Minuten fuhr hinter mir ein kleiner roter Alfa heran, dann dicht auf, blinkte und hupte, und ich rechnete damit, dass er mich von der Straße drängen wollte, denn ich sah im Rückspiegel und am Verhalten meiner Mitfahrerin, dass die beiden Männer darin saßen. Das wollen wir aber mal sehen, dachte ich, wer hier wen von der Straße drängt, und ich krampfte die Hände ums Lenkrad und gab Gas.

»Bene«, sagte die Frau mit einem beifälligen Lächeln, als ich im Nu die beiden Kerle im Rückspiegel geschrumpft hatte. Aber dieser kleine Triumph hielt nicht vor, denn die Strecke war kurvig, und schon bald musste ich abbremsen, und der rote Alfa kam wieder näher.

Was soll der Scheiß, dachte ich, was hab ich damit zu tun, und fuhr bewusst langsamer. Diesen Typen davonzufahren war auf dieser Straße unmöglich. Zu meiner Erleichterung überholten die beiden schließlich nach einigem weiteren Geblinke und Getue mit heulendem Motor, zeigten mir, oder doch eher meiner Beifahrerin, ihre ausgestreckten Mittelfinger und brausten davon. Ich fuhr noch langsamer. Und schüttelte den Kopf.

»Scusate mi«, sagte die Frau.

Ich wedelte irgendeine entlastende Antwort mit der rechten Hand und versuchte, mich zu beruhigen.

Dazu brauchte ich ein paar Minuten. Anfangs fürchtete ich hinter jeder Kurve, den roten Alfa quer stehen zu sehen, aber irgendwann wurde mir klar, dass sie das nicht tun konnten. Hier war Verkehr, sie hatten die Straße nicht für sich. Sie würden mich in Ruhe lassen.

Hinter Castellina, etwa auf halbem Weg nach Siena, bat mich die Frau, kurz anzuhalten. Wir fuhren durch einen Wald, und vor uns rechts tauchte eine Ausweichspur auf, vielleicht für Lastwagen, weil die Straße hier sehr eng war. Sie deutete darauf und erklärte mir, dass es »only a second, per favore« dauern würde. Ich hielt an.

Sie verschwand im Wald, ich sah, wie sie vorn an ihren Jeans herumfummelte, sie trug keinen Gürtel, sicher begann sie schon, die Hose aufzuknöpfen. Die wird mir doch jetzt nicht ihren Hintern zeigen, dachte ich noch, aber da war sie hinter Bäumen verschwunden, und ich sah noch einen winzigen Flecken Haut durchs spärliche Unterholz blitzen. Ich wandte den Blick ab.

&

Erst als ich mit laut knurrendem Motor gestartet und mit quietschenden Reifen, von denen die Kiesel wie Geschosse wegspritzten, auf die Straße eingebogen war, wurde ich mir des Impulses bewusst, der mich auf einmal mit Adrenalin überflutet hatte: Es passte alles so gut. Perfekt. Da steigt ein Mann aus einem teuren Auto der Sorte, die man nur klauen kann, wenn man den Originalschlüssel dazu hat, und die man in Serbien oder Albanien vom Hehler aus der Hand gerissen kriegt, man spielt einen Streit, das Mädchen fährt mit, muss an der verabredeten Stelle dringend pinkeln, da kommen dann die beiden Jungs aus dem Gebüsch und machen kurzen Prozess. Ob der dumme Fahrer hinterher nur blöd an der Straße steht oder mit eingeschlagenem Schädel im Graben liegt, kommt auf sein Verhalten an. Nicht mit mir.

Im Rückspiegel sah ich das Mädchen mit halb geschlossener Hose mitten auf der Straße stehen und winken. Sie rief mir sicher hinterher. Ob es Verwünschungen waren oder flehentliche Bitten, konnte ich nicht hören. Von den Männern sah ich nichts. Mir war schlecht.

Bis nach Siena rechnete ich damit, den Alfa wieder hinter mir zu haben, aber er kam nicht. Einmal fuhr ein roter Wagen heran, aber bei näherem Hinsehen war es ein Lancia.

Und dann sah ich sie. Am Stadtrand von Siena, als ich von einem Kreisverkehr in Richtung Centro abbog, standen sie an einer Tankstelle, sahen nicht zu mir her, unterhielten sich, während der Wagen betankt wurde. Nur die beiden Männer. Nicht die Frau. Ich hatte sie einfach mitten im Wald stehen lassen. Aus purer Paranoia.

Ich fuhr rechts ran, wollte wenden, um dieselbe Strecke zurückzufahren und die Frau wieder einzusammeln, aber der Verkehr war so dicht, dass ich es nicht wagte. Und bis ich endlich am nächsten Kreisel angelangt war, hatte ich mir die Idee aus dem Kopf geschlagen. Sie war hübsch, sie war schon längst weitergekommen, ich würde sie nicht mehr finden. Und ich würde ihr vor allem nicht erklären können, was mich dazu getrieben hatte, so zackig abzurauschen.

&

Es dauerte eine Weile, bis ich einen Schreibwarenladen gefunden und Block, Kuli und Süddeutsche hatte, und ich ging zum Dom, kaufte eine Eintrittskarte, die nur noch eine halbe Stunde gültig sein würde, aber vor dem Portal drehte ich um und setzte mich auf die Treppe. Die Mosaiken auf dem Boden und die Piccolomini-Bibliothek mit ihren phantastischen Wandmalereien hatte ich mit Regina gesehen. Die Karte verschenken konnte ich jetzt nicht mehr. Ich legte sie neben mich auf die Treppe. Mir war immer noch schlecht.

Aber nicht mehr vor Aufregung, sondern vor Peinlichkeit. Wie konnte man nur so hysterisch sein? Das arme Mädchen. Hoffentlich war sie inzwischen wirklich weitergekommen und stakste nicht alleine durch den Wald.

Später stand ich am Eingang zur Piazza del Campo – hier hatte ich mit Wespe einen Nachmittag verbracht –, ich drehte um und ging zurück zum Wagen.

&

Beim Abendessen saß ich allein an einem Tisch. Der Speisesaal im Gewölbekeller des Herrenhauses war nur spärlich besucht, Herr Ziegler hatte sich für ein paar Minuten zu mir gesetzt und mir, bevor er wieder in die Küche verschwand, erklärt, dass die meisten Familien für sich selber kochten und hier eher die selteneren Einzelreisenden und Paare auftauchten.

Über dem Eingang hing ein Bild, das mir außerordentlich gut gefiel. Auf einem grünlich-bläulichen Grund waren Krokusse verteilt, so locker über die ganze Fläche wie bei einer Tapete. Der Anblick war ein Déjà-vu. Als hätte ich das Bild schon geträumt oder zöge es aus einer tieferen Schicht an die Oberfläche meines Bewusstseins. Ich musste immer wieder hinsehen.

Von Irina bekam ich zuerst Bruschetta, dann einen Salat serviert und schließlich Linguine mit Steinpilzen. Alles schmeckte gut, nur der Wein, ein eigener Zweitausender, der bislang beste Jahrgang, war mir zu rabiat, aber er war gehaltvoll und konnte sich mit besseren Chiantis messen. »Ich bin kein Kenner, nur ein Genießer«, erklärte ich Herrn Ziegler, der ihn gebracht und eingeschenkt hatte und mich jetzt mit erwartungsvollem Blick beim ersten Schluck beobachtete. Das Olivenöl allerdings war umwerfend. Davon musste ich mir unbedingt ein paar Flaschen in den Kofferraum packen.

Am Tisch nebenan schmatzte ein kleiner Junge und machte immer wieder Grunzgeräusche, weil ihm sein Papa dummerweise erklärt hatte, dass Funghi porcini Schweinepilze heißt. Die Schwester des Jungen war wohl schon in der Pubertät, denn sie stand offenbar weit über der kindischen Begeisterung für Geräuschkomik ihres kleinen Bruders, schnaubte voller Abscheu und bat abwechselnd ihren Vater oder ihre Mutter, etwas dagegen zu unternehmen.

»Jetzt hör aber mal auf damit«, sagte die Mutter.

»Das macht den Papa und die Mama traurig, wenn du so dumm machst«, sagte der Vater.

»Ich halt den nicht aus«, stöhnte die Schwester.

Mir ging es ähnlich, also verzog ich mich gleich nach dem Essen mit Karaffe und Glas auf die Terrasse, wo ich versuchte, meine Zeitung zu lesen, aber ich schweifte immer wieder ab zu der jungen Frau, die ich allein im Wald zurückgelassen hatte. Wenigstens schmeckte der Wein mit jedem Schluck besser.

Mein Handy gongte. Eine SMS von Regina: *Kann nicht E-Mail schreiben, weiß nicht, wo anfangen. Danke für die schönen Blumen.*

Ich antwortete: *Die sind noch von damals, als ich glaubte, du liebst mich.*

Regina: *Trotzdem danke.*

Ich: *Wann willst du mit mir reden?*

Regina: *Weiß nicht, jetzt nicht, wozu denn?*

Ich: *Damit ich's verstehe vielleicht.*

Regina: *Was sollte das nützen?*

Ich: *Dumme Frage.*

Regina: *Keine Zeit jetzt, muss noch mal weg. Morgen vielleicht.*

Ich versuchte, ein paar Notizen zu machen, aber alles, was mir einfiel, war noch platter als nötig. Für spießige Wendungen wie Sehnsuchtslandschaft, sanfte Hügel, filigrane Muster aus Oliven, Wein und Pinien oder toskanischleichte Lebensart brauchte ich kein Papier zu verschwenden, das konnte ich auch zu Hause direkt in die Tastatur hauen. Obwohl, das mit den filigranen Mustern würde ich vielleicht nehmen. Das war nicht ganz schlecht.

Später ließ ich mich noch von Herrn und Frau Ziegler zu einer Grappa überreden. Das war ein Fehler. Danach war Schluss. Ich musste ins Bett.

&

Eine Zeit lang riss ich die Augen auf, obwohl ich todmüde war, weil sich jedes Mal, wenn ich sie schloss, alles um mich zu drehen begann. Ich Idiot. Warum hatte ich nicht nein gesagt. Ich vertrage keine Schnäpse, wenn ich Wein getrunken habe. Irgendwann schlief ich dann doch ein und träumte entweder nichts oder nichts Erinnernswertes, jedenfalls wusste ich von nichts, als ich gegen vier Uhr aufwachte, ans Fenster ging und mich, noch halb im Schlaf, vom Anblick des Morgennebels betören ließ. Es war noch nicht recht hell, kein Vogel zu hören, nur der Esel schrie. Er klang wie eine rostige Wasserpumpe. Vermutlich hatte er mich aufgeweckt.

Das gehört jetzt mir, dachte ich, das ist mein Augenblick, er fühlt sich sensationell an, obwohl ich ihn nicht teilen kann. Nicht mal im Nachhinein, denn Regina interessiert sich von nun an einen Dreck für das, was mir Besonderes widerfährt. Ich zog mich an und ging raus.

Es war zwar empfindlich kalt, ich fröstelte, aber das war es mir wert. Ich legte die Arme um mich und spazierte zur Straße, nach Castellina hinauf und dort durch die Gassen, bis es hell geworden war und der Nebel sich langsam verzog.

Auf dem Rückweg hatte ich das Gefühl, ich atmete doppelt so tief oder doppelt so viel, vielleicht auch nur doppelt so würzig, denn jetzt roch die Luft wie etwas, das man teuer bezahlt. Ich würde Frau Ziegler fragen, was hier an Wildkräutern wächst, und alles Grünzeug einfädeln in meinen Text. Frauen mögen so was. Und Frauen entscheiden, wo die Reise hingeht.

Natürlich krähte auch irgendwo ein Hahn.

Ich hatte Lust darauf, mich in die komfortable Privatsphäre meiner Riesenmaus zu setzen und durch die menschenleere Zwischenzeit zu gleiten, so vorsichtig, dass ich kein verhuschtes Kaninchen erwischen, aber auch so schwungvoll, dass ich die Steigungen und Kurven als Rhythmus erleben würde, aber das lief mir ja nicht weg, das konnte ich auch noch später haben, also ging ich ins Haus, legte mich wieder ins Bett und schlief bis neun Uhr.

&

Am Vormittag zeigte mir Herr Ziegler die Ölpresse, den Weinkeller, die Werkstatt, in der er seine tatsächlich eleganten kleinen Holzsachen schreinerte, verschiedene Zimmer und Apartments, die Küche, einfach alles, was zugänglich war. Und er erklärte, ich notierte und fragte, er klaubte alles, was es an Prospekten bislang gab, zusammen und legte es mir auf einen Stapel zu einem Buch über Castellina und die Region und einem zweiten über klassische Ölherstellung. Hausaufgaben.

Ich fragte ihn nach dem Bild im Speisesaal.

»Das hat Kerstin aus Freiburg mitgebracht«, sagte er.

»Würden Sie's mir vielleicht verkaufen? Ich finde es wahnsinnig schön.«

»Da müssen Sie Kerstin fragen. Es ist ihres.«

Ich fand sie an der Rezeption, und sie sagte, nachdem sie instinktiv zuerst den Kopf geschüttelt und die linke Hand zu einer abwehrenden Geste erhoben hatte: »Ach, warum eigentlich nicht. Ich hab's ja lang genug gehabt.«

Aber sie konnte sich zu keinem Preis entschließen. Sie habe das Bild geschenkt bekommen, und ein Geschenk solle man nur weiterverschenken. Sie schlug jeden von mir gebotenen Preis aus und sagte schließlich: »Geschenkt oder gar nicht.«

»Dann lieber geschenkt.« Irgendwas würde mir schon einfallen, das ich ihr meinerseits dafür schenken konnte. Ich durfte es nur nicht vergessen. Vielleicht Reginas iPod? Den ich mit viel Musik füllen würde? Aber was mochte sie? Ich hatte keine Ahnung.

»Das ist witzig«, sagte sie, »es kommt nach Haus zurück.«

&

Am Nachmittag fuhr ich los, im Kofferraum das Bild und je sechs Flaschen Öl und Wein, iPod und Handy aufgeladen, und mit dem Vorsatz, einen wirklich guten Text für diese Leute zu schreiben, einen Text, der ihnen eine Menge Touristen aufs Grundstück und Käufer in den Laden locken sollte, und was ich mir am dringendsten auf dem inneren Zettel notierte: nicht zu vergessen, dass ich jetzt gerade glücklich war. Ohne Regina.

Als ich aus dem staubigen Feldweg kurvte, nahm ich mir vor, bei nächster Gelegenheit den Wagen zu waschen, er sollte jede eingefangene Zypresse in seinen Flanken spiegeln, aber erst kurz vor der Auffahrt Firenze-Sud fand ich eine Tankstelle mit Werkstatt und Waschanlage.

Während ich dem Wirbeln der roten und gelben Bürsten zusah und hoffte, dass der Kofferraum dicht war und kein Waschwasser an die empfindliche Kreideoberfläche des Krokusbildes durchließ, kam mir der Gedanke, dass ich Paul etwas schenken wollte. Ein Bild von Loustal. Er verehrte diesen französischen Comiczeichner, hatte bei sich zu Hause einen Druck über dem Flügel hängen, würde sich aber, weil er sich von Geld zwar nicht berauschen ließ, es aber grundsätzlich für schlechtere Zeiten zusammenhielt, nie ein Original leisten.

Und wieso musste ich eigentlich den Wunsch von Frau Perides respektieren? Niemand konnte mir verbieten, ihr was abzugeben, so wie niemand ihr verbieten konnte, es anzunehmen. Wenn sie nicht wollte, sollte sie es eben weiterverschenken, so wie Kerstin Ziegler das Bild. Ich hatte ihre Nummer im Handy.

»Lotto Baden-Württemberg, Sie sprechen mit Frau Perides, was kann ich für Sie tun?«

»Allmann, der mit dem dicken Auto. Aus Freiburg.«

»Hallo. Wie geht's?«

»Gut. Ich will Sie was fragen, darf ich?«

»Na klar, fragen Sie.«

»Wieso haben Sie das Cabrio so kategorisch abgelehnt?«

Sie schwieg einen Augenblick, dann kam ihre Antwort, ein bisschen tastend und zögerlich: »Aus Erfahrung. Nur aus Erfahrung.«

»Das versteh ich nicht. Erklären Sie's mir?«

»Warum ist das denn so wichtig für Sie?«

»Weil ich Ihnen nicht gehorchen werde. Ich will Ihnen was abgeben, eben ist mir klar geworden, dass ich nicht bereit bin, Ihren Wunsch zu respektieren, und Ihnen auf jeden Fall ein Auto vor die Tür stellen will. Sie haben nur noch die Möglichkeit, bei der Marke, bei der Farbe und was weiß ich, bei der Ausstattung, ob es ein Cabrio oder Kombi oder Jeep sein soll, mitzureden. Der Croupier kriegt auch was ab, wenn man im Kasino gewinnt. Das kann nicht verboten sein. Ich verstehe nicht, warum Sie nicht wollen.«

»Aha. Jetzt weiß ich ja Bescheid.«

»Also, was war das mit der Erfahrung?«

»Die Leute sind anfangs überschwänglich, und dann rechnen sie nach. Dass jemand im ersten Moment so ein Angebot daherplappert, ist nicht selten. Dass er es dann aber wahr macht, kommt nie vor. Ich habe aus Selbstschutz nein gesagt.«

»Ja, klasse. Diesmal kommt es eben doch vor, einverstanden?«

»Einverstanden. Ja.«

»Marke?«

»Käfer.«

»Cabrio?«

»Ja. Gelb. Hellgelb. Den finde ich wunderhübsch.«

»Find ich auch, und der passt zu Ihnen.«

»Na, da lass ich mich dann mal überraschen.« Das klang nicht skeptisch, sondern fröhlich. »Und sonst? Geht es Ihnen gut? Wo sind Sie gerade?«

»In Italien. Ich hatte hier zu arbeiten. Geht mir gut, jetzt gerade, das wechselt leider zurzeit.«

»Wieso?

»Meine Frau hat mich verlassen.«

»Nein.«

Ich schwieg. Auf solche Neins setzt man kein Doch. Man wartet, bis der andere weiterspricht.

Das tat sie auch: »Obwohl sie von dem Gewinn wusste?«

»Nein. Bevor sie es wusste.«

»Oh, verdammt. Das tut mir leid. Und jetzt?«

»Muss ich mich dran gewöhnen. Es entweder respektieren oder sie so lang belästigen, bis sie mich wieder nimmt, ich weiß es, ehrlich gesagt, nicht. Ich weiß nicht, was ich tun soll. Geht noch alles kreuz und quer. Im einen Augenblick bin ich glücklich und entspannt, im nächsten komm ich mir vor wie der letzte Abfall. Böses Durcheinander.«

»Und sagen können Sie es ihr nicht?«

»Auf gar keinen Fall. Ich würde ihr nie mehr trauen, wenn ich das täte. Unmöglich.«

»Ja, das stimmt. Versteh ich. Mensch, das tut mir leid, Herr Allmann, ich hoffe, Sie kommen da unverletzt raus.«

»Das geht schon nicht mehr.«

»Entschuldigung, das war ein dummer Satz.«

»Nein.«

»Tut mir leid.«

»Kein Grund. Wirklich. Ich komme schon zurecht damit, nur nicht immer gleich gut.«

Sie seufzte. Ich ärgerte mich, dass ich das nicht verschwiegen hatte. Was sollte sie damit anfangen. Das war doch nicht ihre Sache. Sie konnte nichts dran drehen, nur hilflose, mitleidige Geräusche absondern. Ich Trottel.

»Sie sollen aber jetzt nicht mies draufkommen«, sagte ich, »im Gegenteil, Sie sollen sich freuen, dass demnächst ein gelber Käfer vor Ihrer Tür steht. Ich melde mich, sobald ich ihn habe, muss jetzt auch Schluss machen, weil mein Wagen fertig gewaschen ist und ausgefahren werden will.«

»Danke«, sagte sie, »alles Gute, machen Sie's gut. Ich freu mich ja. Tut mir nur leid, dass es für Sie so dumm gelaufen ist.«

»Muss es nicht. Tschüss, bis bald. Ich melde mich.«

&

Ich brauchte fast eine Stunde, um an Bologna vorbeizukriechen, der Feierabendverkehr kam immer wieder zum Stehen, und ich war zweimal verlockt, einfach abzubiegen und in die Stadt zu fahren. Ich kenne Bologna nicht. Es wäre vielleicht eine Entdeckung wie Lucca. Alle diese norditalienischen Städte, an denen man immer nur vorbeirast, auf dem Weg von oder nach Florenz, Venedig, Rom sind vermutlich wunderschön, aber ich wusste nicht, ob sich der Stau stadtauswärts oder stadteinwärts verdichtete, ob mehr Leute jetzt zum Einkaufen, Essen oder Kino ins Zentrum wollten oder von der Arbeit kommend raus. Ein andermal, nahm ich mir vor, wenn ich was geleistet habe und mir Urlaub verdient, dann besuche ich all diese Städte, Modena, Vicenza, Piacenza, Padua, Ravenna, Bergamo und wie sie alle heißen. Das war hier mal der Mittelpunkt der Welt.

An Modena vorbei ging es ähnlich zäh, deshalb fuhr ich, als ich Parma erreicht hatte, raus. Es war nach sieben, und ich war die Autobahn leid. Trotz Raumschiff. Zu wenig Raum und zu viele andere Schiffe.

Ich wollte mein Prunkmobil nicht über Nacht auf der Straße stehen lassen, deshalb nahm ich das erste Hotel mit Garage, das ich fand. Ohne Regina sind solche Dinge einfach. Man nimmt ein Hotel und fertig. Ganz egal, ob es schön ist, laut oder gammelig – nein, das ist nicht wahr. Ich werde ebenso deprimiert, wenn ich nur von Automaten und Plastik umgeben bin oder mir gequirltes Holz im Älperstil das Gemüt verdunkelt. Nur mit Lärm habe ich kein Problem. Mit dem Deprimiertsein eigentlich auch nicht.

Nach dem Einchecken fuhr man mir den Wagen in die Garage, und ich ging durch die Stadt, aß an einer prächtigen, riesigen Piazza Garibaldi einen Teller Spaghetti und schlenderte weiter. Bis ich ein Internetcafé fand.

&

Lieber Robert, jetzt versuche ich es doch, obwohl mir zu jedem Satz, den ich anfange, gleich Deine Erwiderung einfällt, noch bevor ich den Satz zu Ende denken kann. Du lebst das Leben eines Künstlers, ohne Kunstwerke zu produzieren, bist mal wochenlang von Deiner Arbeit absorbiert, nicht ansprechbar, irgendwo weit weg, und dann wieder hängst Du einfach nur herum, lebst in den Tag hinein, siehst fern, liest Bücher, jede Zeitung bis zum letzten Wort, willst mit mir über alles Gelesene oder Gesehene reden, ohne zu merken, dass ich keine Kapazitäten mehr frei habe. Ich bin von meiner Arbeit, dem Druck und Stress, der Verantwortung und Belastung generell so ausgelaugt, dass ich nicht über jedes Haar, das Du in jeder Suppe findest, nachdenken kann. Ich brauche keine zusätzlichen Probleme – ich habe schon genug in der Praxis, ich will und kann nicht jeden falschen Satz, jede nicht zu Ende gedachte Behauptung, die Du irgendwo aufschnappst, reflektieren, ich will, wenn ich schon mal fernsehe, nicht andauernd auch noch Deine Kritik an allem und jedem mit bedenken, sondern mich entspannen.

Du gehst drei Stunden später als ich ins Bett und stehst vier Stunden später auf. In der verbliebenen Zeit, die wir miteinander verbringen können, hörst Du mir zwar zu, wenn ich von mir, von der Praxis, von irgendwas erzähle, aber Du hast zu allem eine Meinung. Ein Urteil hier, einen Verbesserungsvorschlag dort, Du korrigierst meine ins Unreine gesprochenen Gedanken, bringst alles in ein System, ordnest meine unordentlichen Schilderungen, und am Ende habe ich das Gefühl, Du weißt eh schon alles, was ich Dir erzählen wollte.

Ich bin nicht dumm. Aber ich fühle mich so, wenn ich eine Weile mit Dir geredet habe.

Ich brauche Bewegung und Ruhe, aber Du kannst Dich nicht zu irgendeiner Art von Sport durchringen und konfrontierst mich immer mit verkopften Analysen und Ansichten zu allem und jedem. Ich weiß, unser Alltag ist ganz auf mich abgestellt, Du

machst alles so, wie ich es brauche, gibst Dir Mühe, kochst für mich und hältst mir den Rücken frei, aber Du willst es eigentlich nicht. Ohne mich würdest Du anders leben.
Ich will das jetzt versuchen. Versuch du es auch. Vielleicht ist es gut für uns beide. Ich wünsche dir so viel Glück wie mir.

&

Kein Wort von Geld und Sicherheit. War sie unehrlich, oder lag ich falsch? Es störte sie, dass ich mitdachte, wenn sie was erzählte, dass ich zwar tat, was sie wollte, aber nur ihr zuliebe, dass ich länger schlief und anders arbeitete. Und das sollte als Grund für eine Trennung reichen? Sie verließ mich, weil ich anstrengend war?

Und alles alte Hüte. Diese Vorwürfe hatte ich schon hundertmal gehört, bei jeder Diskussion waren sie wieder und wieder aufgelegt worden und hatten mir die Luft rausgelassen, weil klar wurde, dass keine meiner Anpassungsbemühungen ausreichen konnte. Die Bringschuld erlosch nicht. Ich war jemand, der ich nicht sein sollte, es ging darum, meinen Charakter abzuschaffen.

Hatte denn Herr Bär lauter passende Eigenschaften? Hielt der immer schön die Klappe, wenn jemand Dummheiten absonderte? Vermutlich tat er das. Wenn er verliebt war, dann passte er perfekt. Seine Ecken und Kanten würden sich erst später zeigen.

Als ich merkte, dass mir die Schrift von Reginas Mail vor den Augen verschwamm, ging ich aus dem Netz und an die Theke, um zu bezahlen. Es war mir egal, was das gepiercte Mädchen an der Kasse über meine verheulten Augen denken würde. Ich schniefte sogar. Sie griff unter die Theke und gab mir ein Papiertaschentuch.

»Grazie«, sagte ich und benutzte es.

»Mi dispiace«, sagte sie und lächelte mir schüchtern zu.

Vielleicht dachte sie, ich hätte von jemandes Tod erfahren. Ich steckte das benutzte Taschentuch ein und ging nach draußen. Und um ein paar Ecken zum Dom, wo ich mich auf die Stufen setzte, den Blick zum Baptisterium gewandt. Es verschwamm.

&

Ich muss aufgeben, dachte ich. Es hat überhaupt keinen Sinn, bei Regina für mich Werbung zu machen. Sie hat sich entschieden, und ich bin weg vom Fenster. Dass ich von nun an einarmig, einbeinig, einäugig weiterkommen sollte, war mein Problem. Ich war ihres gewesen, das hatte sie gelöst, ihr Fehlen war nun meines. Das musste ich lösen.

Ich kann mich leider nicht betrinken. Diesen Fluchtweg gibt es für mich nicht, mir wird schlecht, bevor sich ein Rausch bemerkbar machen könnte. Und andere Drogen kommen nicht infrage, das habe ich schon als Jugendlicher so gehalten, als alle um mich herum ihr verkifftes Grinsen in die Welt hielten, und erst recht, als die ersten LSD- und Meskalinexperimente in der Psychiatrie endeten, die Fixer abgemagert und stumpf geworden waren und schließlich die Kokser mit ihrer fahrigen Hybris jedem außer sich selbst auf die Nerven fielen. Eigentlich ein Wunder, dass ich es geschafft hatte, Musiker zu sein und trotzdem nur mit der Biedermanndroge Alkohol durchzukommen. Ecki hatte gekokst. Zumindest in der Zeit, als er mich ausbootete. Falls er das immer noch tat, konnte er seine verbliebenen drei Millionen ja in den nächsten Jahren durch die Nase entsorgen.

Dass er demnächst sicher sehr verdutzt aus der immer adretten Markenwäsche gucken würde, wenn er erfuhr, dass Claudia Bescheid wusste, gefiel mir doch sehr. Die Symmetrie der Situation hatte eine gewisse Komik: Er musste mit seiner Frau teilen und wollte nicht, ich wollte, und meine war weg. Sollte ich mich nicht anders zu beschäftigen wissen, dann würden Überlegungen und Pläne, wie ich Ecki noch weiter reinlegen konnte, durchaus mittelfristig eine Art Lebensinhalt für mich abgeben. Oder wenigstens ersetzen. Man müsste ihm einen Betrüger auf den Hals hetzen, der ihn dazu brachte, sein Geld in Sanddünen anzulegen. Seltsam, in diesen miesen kleinen Nickelgedanken lag ein bisschen Trost. Nur ein bisschen zwar, aber immerhin. Ich stand auf und ging zur Piazza Garibaldi zurück, um mir bei einem Glas Wein das Leben anzusehen. Das Leben der anderen. Meines war halbiert. Wenn nicht gar vollkommen ausgeleert.

Ich würde nicht in Freiburg bleiben. Ich war wegen Regina dorthin gezogen und ginge ihretwegen auch wieder weg. Vielleicht nach Berlin. Ein Penthouse mit Ausblick in alle vier Himmelsrichtungen, eine Küche, die Ansprüchen genügt, die ich mir noch nicht mal vorstellen konnte, und ein Badezimmer mit im Boden eingelassener Wanne. Und dann niemanden einladen, weil keiner sehen soll, dass ich reich bin? Die Hightechküche fürs Tomatenschneiden benutzen? Ich ging zurück zum Internetcafé.

&

Liebe Regina, ich weiß, dass Argumente nichts nützen und dass Widerspruch das Letzte ist, was Du von mir willst, deshalb fasse ich mich wenigstens so kurz wie möglich. Deine Gründe sind ein Witz, auch wenn niemand darüber in Gelächter ausbricht, sie reichen nicht für eine Trennung, allerhöchstens für einen Seitensprung. Falls man dafür Gründe braucht, die über den Wunsch nach Bestätigung und die Attraktivität des Liebhabers hinausgehen. Kein Paar auf dieser Welt ist so gebaut, dass der eine alles hat, was der andere braucht, und nichts, was den anderen stört. Was mich an Dir stört, ist sicher nicht weniger und nicht weniger von Gewicht, aber ich führe es nicht als Begründung dafür an, mich in die Arme einer neuen Frau zu stürzen und Dich auf den Mond zu schießen.

Du hast mit mir gelacht, in meinen Armen geschnurrt, mich zum Lachen und Schnurren gebracht und so vieles geteilt mit mir, dass ich noch immer nicht fassen kann, wie brüsk Du jetzt das Trennende betonst. Aber es ist Dein Leben, Deine Entscheidung und Deine Zukunft, Du willst es so, also werde ich Dir nicht weiter reinreden. Nur so viel: Wenn Du Dir bisher manchmal dumm vorgekommen bist, diesmal wär's berechtigt.

Du brauchst Dir keinen Anwalt zu nehmen, ich werde alles unterschreiben, so, wie Du es mir unter die Nase hältst. Leider fällt mir kein Satz ein, um diese Mail zu beschließen, der Dich nicht zur Weißglut brächte, Dir ungerecht, selbstgerecht oder kleinlich vorkommen müsste, also hört sie einfach so auf. Nein, hier kommt doch einer: Ich wünsch Dir Glück, obwohl ich nicht daran glaube. Robert.

&

Wäre ich ein richtiger Mann, dann würde ich mir jetzt in der Hotelbar eine dieser alleinreisenden Powerfrauen anlachen, die sich, wie jeder abends im Hotel, irgendwo zwischen zwei Terminen vor einem Glas Wein über ihre so gar nicht powervolle Stimmung Gedanken machen, sich kläglich fühlen und trotzdem, oder gerade deswegen, nicht ins Bett wollen. Für richtige Männer ist so was ganz einfach, aber ich hatte meine Casanova-Flausen schon längst aus dem Kopf gelüftet und gelernt, dass ich das nicht konnte, weil ich es nicht wollte.

War der Herr Bär verheiratet? Und erlebte Regina dann vielleicht jetzt gleich ihr blaues Wunder, wenn sie ihm eröffnete, dass sie frei für ihn sei, und er auf diese Nachricht hin verstummte? Wenn sie begriff, dass ihm das Arrangement als Nebenaffäre ganz recht war, aber für ein Leben nicht genug? Und Regina stünde da wie ein dummer Backfisch, der sich über das eigene Niveau hinaus verliebt hat? Das würde mich seltsamerweise nicht mit Genugtuung erfüllen, sondern so auf die Palme bringen, dass ich ihm die Fresse polieren müsste. Was war denn jetzt los? Väterliche Gefühle? Wollte ich auf Regina aufpassen? Das konnte ich mir abschminken. Das würde sie nicht dulden.

Frische Bettwäsche. Das ist vielleicht das Beste an Hotels, dachte ich, als ich die Vorhänge zugezogen hatte und mich, ohne Powerfrau, ins Bett legte. Nein, das Beste ist, dass man nur eine Silhouette, ein Irgendwas, eine Art Piktogramm ist. Irgendein Mensch. Nur irgendeiner. Anhand von Kleidung, Benehmen und der Bereitschaft, den Zimmerpreis zu bezahlen, vielleicht als Mitglied einer bestimmten Gruppe erkennbar, die aber gerade mal dadurch definiert ist, dass sie in Hotels wie diesem absteigt. Eine Abstraktion. Der Mann, der nicht zu Hause ist. Aus welchem Grund auch immer.

Geld macht glücklich. Jetzt gerade tat es das. Die Stadt war schön, Wein und Essen gut gewesen, die Bettwäsche duftete und knisterte und streichelte meine Haut, und all das hatte Geld gekostet. Und es machte mich glücklich. Vielleicht auch das kleine Triumphgefühl, das ich empfand, wenn ich an meinen Satz dachte: Wenn du dir bisher manchmal dumm vorgekommen bist, diesmal wär's berechtigt. Der war gut. Regina würde nicht lachen, aber der Satz war gut.

&

Nach dem Frühstück ging ich zum Dom. Der Himmel war bleigrau, aber es regnete nicht. Noch nicht. Ich besuchte das Baptisterium, es war beeindruckend hoch und von einer Zartheit, als wäre der Bau gehäkelt. An der Außenwand gab es kleine Figuren aus weißem Marmor und zum Berührenwollen schön, aber ich ließ mir keine Zeit, sie lange zu betrachten, denn jetzt fielen die ersten Tropfen, und ich floh vor dem Regen, der hoffentlich nur ein Schauer sein würde, ins Innere des Doms.

Dort fing mich ein Deckengemälde ein. Ein Knäuel musizierender Engel, deren Glieder in wildem Durcheinander verschränkt waren, sicher Barock, auch die prallen, speckigen Gesichter sprachen dafür, aber die Farben waren von einer Zurückhaltung, wie sie nur die Renaissance kannte. Grau, Braun, Weiß, Blau, sandige Töne und Haut.

Ich hatte keine Ruhe für das Ganze, ich würde wieder herkommen, irgendwann auf meiner Reise durch die oberitalienischen Städte, jetzt ging ich raus und durch den inzwischen strömenden Regen zum Hotel zurück. Ich war klatschnass, als ich dort ankam, und zog mich neben dem Wagen vollständig um, bevor ich einstieg und mich mit viel Gepiepse und Servogekurbel aus der Garage, dann durch die engen Gassen bis zur ersten größeren Straße und schließlich aus der Stadt manövrierte.

&

Ich hatte eigentlich vorgehabt, in Mailand oder Como noch mal anzuhalten, vielleicht sogar über Nacht zu bleiben, aber es regnete Katzen und Hunde, und das Fahren war so anstrengend auf der engen und überfüllten Autobahn, dass ich einfach nur weiterwollte, durch, weg aus diesem Stressverkehr, und bis Bellinzona schwebte, diesmal eher unter Wasser als durch den Weltraum, aber der Wagen war als U-Boot ebenso komfortabel und grandios, und ich freute mich an der Präzision der Scheibenwischer, deren Rhythmus mir genügte für die Musik in meinem Kopf. Deshalb ließ ich den iPod aus, obwohl ich mir beim Wegfahren noch vorgenommen hatte, die »Pastorale« zu hören.

Ein Kaffee und ein Tramezzino in Bellinzona-Nord, und weiter. Erst kurz nach Airolo hörte der Regen auf. Und hinter dem Gotthard war Sommerwetter. Leider auch Sommerverkehr, sodass ich immer wieder in Ruhe das Glitzern des Vierwaldstätter Sees, die Ausflugsdampfer und kleinen Boote und die stattlichen Hotels am Nordufer betrachten konnte.

Immer wenn ich von einem Lottogewinn geträumt hatte, war mir eines als ganz sicher erschienen: Mein Leben würde einfacher werden. Das stimmte nicht, es war deutlich komplizierter. Nicht nur, weil Regina mich in eine andere Umlaufbahn geschossen hatte, auch das Geld brachte mich um manches, was zuvor selbstverständlich gewesen war. Um der zu bleiben, der ich war, müsste ich lügen, dürfte niemandem zeigen, dass ich mir jeden Wunsch erfüllen konnte, weil mich das zu einer Art von Exoten machte, der nicht auf Toleranz hoffen kann. Niemand ist tolerant gegenüber Reichen, denn sie sind eine Beleidigung. Sie verhöhnen das Prinzip, an dem sich unsere Ehre, unsere Würde, unser Selbstwertgefühl orientieren: Geld ist Belohnung für Leistung. Ein Reicher hat aber so viel, dass es in keinem Verhältnis mehr zu irgendeiner Leistung steht. Er ist ein unsympathischer Freak, der nicht auf Gnade zählen kann. Er beleidigt unseren Stolz.

Eins war klar: Ich konnte durch eine Maskerade nicht der bleiben, der ich war, denn der maskierte sich nicht. Er log seine Freunde nicht an.

Und: Geld macht frei, aber frei sein ist nicht automatisch ein wundervoller Zustand. Es lässt sich leicht mit Einsamkeit verwechseln.

&

In Reginas letztem Studienjahr und auch noch danach, in den klinischen Jahren ihrer Facharztausbildung, lebten wir ein zurückgezogenes, ganz auf Zweisamkeit und Nestbau eingestelltes Leben, das einige alte Freundschaften kostete und manche neuen nicht zustande kommen ließ. Wir waren einander genug, wie so viele verliebte Pärchen, entdeckten mit erstauntem und erleichtertem Aufatmen, dass uns da draußen auf dem Markt der plaudernden Herumsteher nichts mehr entging, dass uns nichts mehr dorthin lockte, dass unsere Suche beendet war.

Wenn sie nach Hause kam, hatte ich gekocht, ich hatte es gelernt, weil sie sich kategorisch weigerte und bei jeder Gelegenheit so ungeschickt anstellte, dass ich ihr das jeweilige Gerät aus der Hand nahm und die Tätigkeit, an der sie lachend verzweifelte, fortan zu meinen Aufgaben zählte. Ich bügelte anfangs auch noch die einfacheren Stücke, später übernahm das eine Haushälterin.

Sie lernte, legte Patiencen oder vertiefte sich in Astrologie, Psychologie oder Kunstgeschichte, während ich am Computer saß und schrieb. Es war die Zeit, in der ich mich für einen Schriftsteller hielt und meine Werbetexterei nur für einen temporären Brotberuf. Die schönsten Abende waren die, an denen wir lange Spaziergänge durch die Wohngebiete unternahmen, auf denen uns die Themen nie ausgingen und das Ineinandergreifen unserer Sätze eine Zuversicht gebar, die uns stark machte und alles, was hinter uns lag, blass. Danach legten wir manchmal riesige Puzzles auf dem Boden, und ich führte ihr alle Musik vor, die mir etwas bedeutete. Meine schönsten Schätze legte ich ihr zu Füßen, so kam es mir vor, einen Reichtum, den ich angesammelt hatte und nun mit ihr teilte. Erst nach Jahren sagte sie mir, sie habe sich examiniert gefühlt, wenn ich sie raten ließ, was für ein Instrument gerade spielte, woher sie diese Stimme vielleicht kennen könnte, von welcher Band dieses Stück wohl sei.

All das veränderte sich mit der eigenen Praxis, der eigenen Wohnung, den Schulden und der vielen Arbeit, außer den seltener gewordenen Spaziergängen und dem nach wie vor von mir gekochten gemeinsamen Abendessen, verloren sich diese Rituale in Müdigkeit, Ungeduld, Streitereien und Rückzügen. Das ist bei allen Paaren so, es ist ein natürlicher Vorgang, den man hinnehmen und verstehen muss, aber jetzt, da ich daran dachte, schien mir, diese Zeit sei die schönste gewesen. Nach dem erotischen Fieber und vor der Rückkehr zu Selbstschutz, Vorsicht und Hausordnung.

Ich erinnere mich, dass ich damals manchmal dachte: So soll es bleiben, schöner kann's nicht werden. Mit diesen Gedanken, das weiß ich heute, erklärte ich mir selbst den Abschied vom Idyll, den Rauswurf aus dem Paradies. Aber ich verstand die Erklärung nicht.

Vielleicht wird einem solcher Friede nur auf Zeit zugestanden, vielleicht will die Evolution von uns, dass wir zurückkehren, wieder auf die Jagd gehen, unsere alte Aggressivität und Dynamik wieder aufleben lassen, um der Arterhaltung noch ein paar peinliche Jahre zu widmen, aber ich will das nicht. Die Evolution kann mir den Buckel runterrutschen.

Ich weiß auch noch, wie demütigend und verstörend es war, sich vom Anblick weiblicher Schönheit wie zerrissen, zerschossen, ausgeweidet zu fühlen, der Schmerz der Geilheit, den keine Endorphine mildern und keine gnädige Taubheit dämpft und der wohl so nur in Verbindung mit Einsamkeit auftritt. Es war furchtbar. Ich will nicht dorthin zurück. Bis vor kurzem hat mich die Schönheit mancher Frauen nur noch gnädig und freundlich gerührt, meine Sinne erfreut wie eine Amselmelodie, ein vager Duft oder subtiler Geschmack, mehr nicht. Regina hat mich mit einem Arschtritt aus dem Paradies befördert. Auch wenn es schon vorher auf die Größe eines Schrebergartens geschrumpft war.

&

Als ich von der Autobahn auf den Zubringer Mitte fuhr und mich Freiburg näherte, bot sich mir ein pompöser Abendhimmel mit einem Farbrausch von Graublau bis Purpur, Orange und Käfergelb. Die Lichter waren schon eingeschaltet − das ist die schönste Tageszeit, alles wird mystisch, grandios, sehnsuchtsvoll aufgeladen, jede Ampel oder Leuchtreklame spielt mit im Konzert, und man hat Mühe, vor lauter elegischer Ermattung noch Details wie den vorausfahrenden Verkehr, Rotlicht, Stoppschilder oder Radfahrer zu beachten.

Aus dem Briefkasten fielen vier orangefarbene Benachrichtigungskärtchen der Post, das mussten die CDs sein, die ich bestellt hatte, auf dem Anrufbeantworter war nichts, denn ich hatte vergessen, ihn einzuschalten, in der Tür steckte ein Zettel von Urs, der mich bat, ihn anzurufen, weil er das fehlende Modul einbauen wollte, in der E-Mail nichts Neues außer einer kurzen Notiz von Regina, dass wir Abstand gewinnen und uns erst später mit mehr Gelassenheit austauschen sollten.

Von mir aus. Das war ohnehin kein Austausch, oder doch: Es war eben nur ein Austausch. Nicht mehr. Kein Gespräch, bei dem eine Rolle gespielt hätte, was der andere sagte, es kam nur darauf an, ihn wissen zu lassen, was man selbst dachte. Darauf konnten wir verzichten. Da hatte sie recht. Immerhin hatte sie mir geantwortet und ließ mich nicht, wie damals Johann, einfach so lange mit Fragen, Appellen und Vorwürfen in die Watte ihres permanenten Schweigens hinein betteln, bis der Wunsch zu verstehen darin erstickt war.

Ich holte das Bild aus dem Kofferraum und tauschte es gegen einen Druck von Hopper über dem Sofa aus. Das würde ich nicht neu beziehen lassen. Überhaupt musste ich gar nichts mehr außer vielleicht der Kleiderstange hier investieren. In Berlin sollte ich eigentlich alles finden, was mir gefiel, und wenn nicht, dann führe ich eben nach Italien oder in die Provence, um dort zu suchen. Außer ein paar Bildern, CDs, Büchern, Kleidern und meinem neuen Ministudio würde ich nichts mitnehmen.

Ich packte meine gebrauchte Wäsche in drei Plastiktüten, um sie anderntags zur Wäscherei zu bringen, warf einen Blick in den Kühlschrank – er war leer bis auf ein paar unverlockende Reste –, goss mir den Rest aus der Weinflasche ein und wusste nichts mit mir anzufangen. Fernsehen, Musik, Lesen kamen nicht infrage, ich war zu unruhig, und mich ans Keyboard zu setzen und Sounds durchzuprobieren hatte ich keine Lust. Ich hatte zu gar nichts Lust, außer vielleicht zu schlafen. Aber ich war nicht müde.

In solchen Momenten geht man normalerweise in eine Kneipe, aber ich hatte in Freiburg in all den Jahren keine gefunden, in die ich gern alleine gegangen wäre. Eigentlich war ich nur zu Besuch hier. Ohne Regina war mein Visum abgelaufen.

Ich versuchte, ein paar Worte über die Fattoria Gallo Rosso zu finden, aber vergeblich. Nicht mal solche Texte, nicht mal die biederste Gebrauchsprosa bringe ich zustande, wenn ich leer und traurig bin und mir vorkomme wie ein Loch in der Welt.

Ich ging raus in Richtung Stadt und versuchte, das Gefühl in mir wiederzufinden, mit dem ich den Weg vor einigen Tagen gegangen war, die Euphorie, den Überschwang, die Aufbruchsstimmung. Fehlanzeige.

Im Theatercafé holte ich mir einen Rioja an der Theke und setzte mich auf die Treppe draußen. Und hoffte, dass jetzt nicht Regina mit Bär an mir vorbeiflanieren würde. Ich musste weg aus dieser Stadt.

Zwei Gläser später spürte ich die Müdigkeit von der langen Autofahrt und machte mich auf den Weg nach Hause. Und hörte zum Einschlafen »Judy Collins-Living«. Es funktionierte.

&

Es war erstaunlich einfach, einen sehr gut ausgestatteten gelben Käfer zu kriegen. Zwar musste der von Gotha nach Stuttgart gebracht werden, aber das wäre in zwei Tagen getan, wie mir der Verkäufer bei Volkswagen versprach, und dann musste Frau Perides nur mit Ausweis und Versicherungsdoppelkarte beim Händler vorbeischauen, und eine Stunde später konnte sie mit dem angemeldeten Wagen vom Hof fahren. Ich brauchte für die ganze Prozedur mit Internetsuche, Beratung, Bezahlen per Scheck und Anruf bei der Bank nicht mal eine halbe Stunde.

Ich brachte meine Wäsche weg, holte auf der Post die Pakete, tatsächlich die CDs, legte sie in den Kofferraum, wo schon eine Tüte mit Tomaten, Antipasti, Brot und Milch lag, rief Urs an, verabredete mich mit ihm für halb eins und ging noch auf einen Cappuccino in die Markthalle. Freiburg war so schön. Wollte ich wirklich hier weg? Ich hatte das Münster erst einmal von innen gesehen, und auf den Turm war ich noch nie gestiegen. Der Blick von dort oben musste herrlich sein.

Erst als ich zurück beim Wagen war und einstieg, kam mir zu Bewusstsein, dass ich an jedem Bettler vorbeigegangen war. Es mussten drei oder vier gewesen sein.

&

Urs stand wie auf den Boden genagelt vor meinem Krokusbild.

»Wo hast du das her?«

»Aus der Toskana mitgebracht, wieso?«

»Das hab ich Irene vor zehn Jahren zur Eröffnung geschenkt. Es hing im Fenster.«

»Die Frau, von der ich's habe, kommt aus Freiburg«, sagte ich, »die hat's dann von Irene. Irre, oder?«

»Dass die das verkauft hat, macht mich fertig.«

»Es war geschenkt. Vielleicht war Irene verliebt in sie.«

»Trotzdem, es ist mies.«

Er machte sich kopfschüttelnd über die Technik her und wandte zwei-, dreimal den Kopf, um das Bild zu betrachten.

»Kannst du mit einer ADSR-Hüllkurve umgehen?«, fragte er später, als er alles angeschlossen, eingebaut und wieder zurechtgeschoben hatte. »Das hier wird dein Liebling sein.«

Nachdem er mir erklärt hatte, was ich mit diesem Modul machen konnte – es war die digitale Nachbildung eines analogen Synthesizers, an der ich wie früher mit Knöpfen und Reglern meine Sounds regelrecht bauen konnte –, begriff ich, was er meinte: Es gibt immer den Moment, in dem man einen ganz bestimmten Klang braucht, und man findet ihn nicht unter sechstausend Presets, man muss ihn selber schreinern.

»Danke«, sagte ich irgendwann, als ich alles begriffen hatte, und Urs sah noch einmal auf das Bild und ging.

Eigentlich hätte ich jetzt gern herumexperimentiert, aber ich setzte mich an den Text und entwarf eine kurze Liebesgeschichte von Rainer und Kerstin, dann eine Beschreibung des Herrenhauses, der Ölproduktion, des Blicks vom Balkon der Apartments und so weiter. Lauter kleine Stückchen, die Paul einsetzen konnte, wie er es brauchte. Ich kam gut voran.

Einmal klingelte das Telefon, aber ich nahm nicht ab. Ich hatte Angst, es könne Regina sein, und einem Gespräch mit ihr war ich nicht gewachsen. Oder geneigt. Nachdem das Klingeln endlich aufgehört hatte, brauchte ich eine Weile, um in den Text zurückzufinden, ohne mir parallel dazu im Kopf lauter ungerechte oder selbstgerechte Urteile aus Reginas Mund vorzusagen.

Nach drei Stunden, in denen ich, wie immer beim Schreiben, zu viel geraucht hatte, war ich mit den entworfenen Vignetten fürs Erste zufrieden. Ich wollte sie noch überarbeiten und einige mehr dazu schreiben, bevor ich sie Rainer, Kerstin und Paul zur ersten Ansicht mailen würde, aber so, wie ich angefangen hatte, kam mir das Ganze hinreichend sympathisch und trotzdem simpel und mehrheitsfähig vor. Es war ein gutes Gefühl.

Ich musste aufpassen, dass ich nicht in Fadheit, Leere und Beliebigkeit abrutschte, ich brauche Arbeit, um glücklich zu sein. Einfach nur wohnen geht nicht. Einfach nur leben. Das ist wie auf den Tumor warten.

Aber ich würde ja eine Menge zu tun haben in der nächsten Zeit. Eine Wohnung in Berlin finden, einrichten, umziehen, die richtige Gutmenscherei anpacken, Musik entwerfen, Musiker finden, einen Produzenten finden, aufnehmen, und dann? Wer würde meine kleine Weltverzierung brauchen? Ziemlich sicher niemand.

Ich rief Voula Perides an, nannte ihr das Autohaus, bei dem sie die Doppelkarte abliefern solle, um übermorgen ihr pummeliges Cabrio nach Hause zu fahren.

»Vielleicht besuche ich Sie irgendwann mal damit«, sagte sie, »dann kann ich Freiburg wiedersehen. Ich war da ein paar Jahre und fand es sehr schön.«

»Wir fahren an einen der Baggerseen, wenn noch Sommer ist und wenn Sie Lust haben«, schlug ich vor.

»Gut«, sagte sie, »und ich bring Picknick und Champagner mit.«

Als ich aufgelegt hatte, roch es nach Heu und Bremsbelag. Aber wohl nicht in der Wohnung. Eher in meinem Kopf.

&

War das ein schlüpfriges Angebot gewesen? Konnte ihr das so vorkommen, als fordere ich eine erotische Gegenleistung für den Käfer ein? Um Himmels willen. Hoffentlich nicht. An den Baggerseen baden viele nackt, aber nicht alle. Wir mussten ja nicht an einen der Nacktstrände gehen, vielleicht würde sie das ohnehin nicht wollen, immerhin war es möglich, dass sie sich zu dick fand. Eigentlich war das sogar wahrscheinlich. Aber dachte sie, ich wolle sie nackt sehen? Wollte ich das? Ich hätte, ehrlich gesagt, nichts dagegen, aber ich war mir keiner Absichten bewusst. Ich wollte nicht mit ihr anbändeln. Ich hatte das einfach gesagt, weil Sommer war und ein Cabrio zum Baden passte. Jetzt stellte ich mir allerdings vor, wie sie nackt aussehen mochte, und diese Vorstellung war nicht unangenehm.

Und dann schlief sie mit mir. In meinem Kopf. Sie kniete vor mir, und ihr Hintern war wundervoll, sie ritt mich, und ihre Brüste waren wundervoll, wir waren allein in einer Vollmondnacht am Baggersee, und sie schrie, und ihre Stimme klang wundervoll, die warme Nachtluft, die schimmernde Mondspur auf dem Wasser, die Geräusche, die unsere Körper beim Aufeinandertreffen wieder und wieder erzeugten – alles war wundervoll. Und dann war sie nicht Regina, und nichts mehr war wundervoll.

Meine innere Uhr sagte »kochen«, und ich machte mir einen Tomatensalat mit Frühlingszwiebeln, schnitt ein paar Scheiben Brot ab und war viel zu früh damit fertig. Keine Regina mehr, kein richtiges Kochen mehr. Selbst in den ödesten Leerlaufzeiten war ich mir nicht völlig sinnlos vorgekommen, weil es immer etwas für den Haushalt und Regina und das Abendessen zu tun gegeben hatte. Für mich alleine putze und schneide ich nicht eine halbe Stunde lang Gemüse, schäle Spargel oder Kartoffeln, koche Nudeln oder Reis, für mich alleine tun es vier Tomaten, ein paar Scheiben Brot und dieses herrliche Olivenöl.

Und wenn ich die Disziplin aufbrächte, mir jeden Tag ein Essen zu kochen? Nein. Ohne das Lob dessen, vor den man es dann hinstellt, ist das nichts. Es hat was Trotziges, Stures, fast so was wie Geiz oder Rechthaberei. Es würde eigentlich zu meinem Vater passen.

Ich musste ihm die Bücher bringen. Vielleicht morgen. Oder irgendwann in der nächsten Woche. In Wirklichkeit hatte ich keine Lust, ihn zu sehen, ich mochte mich selber nicht, wenn ich mit ihm zusammen war. Meine Stimme klang dozierend und eindringlich bei jeder Kleinigkeit, ob es ums Fernsehen ging, um einen Autor, einen Politiker, irgendwas Technisches oder einen Nachbarn, es war egal, worum es ging, ich hatte immer diesen zurechtweisenden und besserwisserischen Ton an mir und schaffte es nicht, nur einfach so daherzuplaudern, ich benahm mich, als käme es mir noch immer darauf an, von ihm gelobt und als Kenner oder Könner oder sonst irgendwas respektiert zu werden. Das hatte ich doch seit ewigen Zeiten hinter mir. Kinder erkennen den Moment, in dem sich ihre Eltern aus der Welterklärung verabschiedet haben, weil Schulwissen und Lebenserfahrung vor der veränderten Wirklichkeit kapitulieren. Das war bei uns vor etwa dreißig Jahren. Ich konnte ihm ja auch ein Päckchen schicken.

Ob Urs wohl seiner Schwester von meinem Großauftrag erzählt hatte? Ich war dumm gewesen, ihr gegenüber den Klammen zu spielen, während ich gleichzeitig bei ihrem Bruder das Feinste vom Feinen bestellte. Ich war zu blöd für so eine einfache kleine Maskerade.

Bevor ich es mir wieder anders überlegen würde, schrieb ich zwei Schecks über jeweils zweihunderttausend und schob sie mit identischen Briefchen in Umschläge, adressiert an Sigrid und Karin: *Das ist für die Ausbildung der Kinder, natürlich unter der Bedingung, dass sie ab jetzt nur noch in den höchsten Tönen von mir schwärmen. Falls Papa ins Heim muss, übernehme ich das. Lieben Gruß von Robert.*

Sofort hatte ich das Gefühl, mich von irgendetwas loszukaufen, aber ich wusste nicht, wovon. Geschwisterliebe? Familiensinn? Keine Ahnung. Vielleicht trieb mich auch nur das schlechte Gewissen um, weil ich mit einer Million für jede meiner Schwestern gestartet und beim Fünftel der Summe gelandet war.

Ich musste die Briefe loswerden, sonst würde ich noch mal darüber nachdenken und entweder die Summe weiter verkleinern oder den Impuls vergessen und die Briefe wegwerfen. Ich ging raus zum Briefkasten.

&

Kaum eine Woche war vergangen, und ich hatte schon die erste halbe Million ausgegeben. So durfte ich nicht weitermachen. Aber ich hatte ja auch nicht vor, in der Business Class durch die Welt zu fliegen, in Suiten zu übernachten und in Sternerestaurants zu speisen, ich musste niemanden beeindrucken, nicht mal mich selbst. Nur noch die Wohnung in Berlin, schöne Möbel, viele Bücher und vielleicht eine schöne Uhr. Es gab eine von Jaeger, die ich mir immer erträumt hatte. Sie war flach und schlicht, aus Chrom und so dezent, dass man ihr den Preis nicht ansah.

Ich bin doch ein materialistischer Konsumtrottel, dachte ich, habe nichts Besseres zu tun, als mir Gegenstände anzuschaffen, ohne die ich bisher auch schon gut gelebt habe. Ich werde wohl nicht wesentlich besser leben, wenn ich diese Dinge besitze. Allerdings schöner.

Früher habe ich selbst so konsumfeindlich dahergeredet, aber heute weiß ich, das verächtliche Getue der Althippies und Neuasketen gegenüber dem bösen Kommerz ist so lächerlich wie das Hecheln und Japsen der suchtverblödeten Shopper. Es ist überdies dumm und ignorant gegenüber erstens der Schönheit, die eben nicht nur in kostenlosen Dingen und Erlebnissen erscheint, und zweitens der Tatsache, dass Herstellung, Handel und Nachfrage überhaupt erst das Geld generieren, mit dem man die Armen vor Elend zu schützen vermag. Wenn die Konsumveräachter sich durchsetzen würden, wäre es schnell vorbei mit Schulen, Straßenbahnen, Schwimmbädern, Bibliotheken und Konzerthallen, ganz zu schweigen von Sozialhilfe, Kindergeld und Rente – erst dem wilden und reißenden Strom von Geld, der in den reichen Gesellschaften im Kreis fließt, extrahiert man den Mehrwert, der Solidarität möglich macht. Wem erkläre ich das? Mir selbst? Muss ich mich überzeugen, dass ich eine Uhr kaufen darf?

Diesmal hatte ich wieder ein paar Fünfer in der Tasche und gab unterwegs meinen Obolus. Es war ein seltsam erhebendes Gefühl gewesen, diese beiden Briefe einzuwerfen, ich stellte mir die Gesichter meiner Schwestern vor, sie würden japsen vor Glückschreck und sich innerlich für alles entschuldigen, was sie je über mich gedacht hatten.

Ich würde Freiburg vermissen. Ich war schon auf dem Sprung, eigentlich schon weg, vielleicht sah ich deshalb die Stadt auf einmal wieder in den schönsten Farben. Die beiden Tore, das Münster, die zwar zu einem Allerweltsboulevard mit den überall gleichen Kettenläden heruntergekommene, aber noch immer prächtige Kaiser-Joseph-Straße, den Schlossberg mit seiner Seilbahn, die beiden großbürgerlichen Wohnviertel Herdern und Wiehre, das freundliche südbadische Wesen, diese fröhlich-katholische Lebensart, die hier den Stil prägt, das würde mir alles fehlen. Spätestens dann, wenn mich der erste Berliner Busfahrer voller Stolz auf seine schlechten Manieren anbellte, ob ich denn nicht lesen könne, weil ich den Fehler gemacht hatte, ihn nach einer Haltestelle zu fragen.

Trotzdem, dachte ich, es geht nicht anders, ich bin weg. Ich wollte nicht irgendwann überraschend vor Regina stehen und schon gar nicht, wenn sie zärtlich ihrem Bären den Hintern kraulte, ihn küsste, unterhakte oder einfach nur anlächelte. Das würde mir das Herz rausreißen. Hier in dieser Stadt blieb mir nur noch die Rolle einer abgestoßenen Hälfte von etwas nicht mehr Ganzem.

Als Held in einem Highsmith-Buch, der alle Energie darauf verwendet, eine Wohnung in Venedig einzurichten, und zwar genau so, wie er glaubt, dass es ihr gefällt, könnte ich meinem Verlust ein Museum bauen und die Leere darin mit Hoffnung verwechseln, mir einbilden, es müsse nur dies und das noch geschehen, dann käme sie, und alles wäre gut.

&

Die Pakete mit den bestellten CDs machte ich nicht auf, die konnten so, wie sie waren, auf den Umzugswagen warten. Ich arbeitete noch eine Zeit lang am Text, ließ mir für jedes Schnipselchen einen Titel einfallen und war am Ende so zufrieden, dass ich mich beherrschen musste, das Ganze nicht sofort abzuschicken. Ich startete mein

Ministudio, Computer, Keyboard, Abhöre, Module, alles schaltete ich an, aber dann, bevor ich den Mauszeiger auf das Icon der Software führte, sagte mir eine innere Stimme, das bringt nichts, du wirst nur sinnlos herumdudeln und vier Stunden lang dieselbe Figur mit immer neuem Sound spielen, das ist kein Abendprogramm. Ich knipste alles wieder aus.

Zum Lesen war ich noch immer zu aufgeregt. Hoffentlich wuchs sich das nicht zum Dauerzustand aus. Dieses Hin und Her zwischen Höhenflug und Lähmung durfte so nicht weitergehen. Vielleicht gab sich das ja, wenn ich in Berlin war. Weit genug weg.

Das Telefon klingelte. Meine Schwester Karin.

»Wo warst du denn?«

»Weg, wieso?«, sagte ich und ärgerte mich augenblicklich über ihre Art, mir Vorwürfe zu machen, noch bevor ich wissen konnte, worum es ging.

»Weil ich seit vier Tagen versuche, dich zu erreichen.«

»Weshalb?«

»Papa ist tot.« Das sagte sie so, als wäre es meine Schuld. Mir wurde schwindlig, als ich begriff, dass sie damit sogar recht haben konnte, und ich schwieg. Mir stieg ein Schwall von Tränen hoch, den ich aber stoppen konnte, als sie einfach weiterredete, vielleicht um mich nicht in die Verlegenheit zu bringen, dass mir die Stimme kippte oder ich gar am Telefon weinte.

»Der Vermieter hat ihn gefunden, als er mit einem Handwerker in die Wohnung musste, wegen irgendwas im Bad. Der Arzt sagt, er war vielleicht schon eine Woche tot, es muss schlimm gerochen haben. Man konnte die Todesursache nur noch raten, vielleicht ein Herzanfall oder Hirnschlag, vielleicht ist er einfach umgefallen und war weg.«

»Wann war das?« Meine Stimme klang seltsam. Unsicher und fremd.

»Am Donnerstag.«

Jetzt weinte ich. Vor Scham. Ich hätte ihn gefunden oder gar noch lebend gesehen, wenn ich nicht aus Faulheit und Desinteresse einfach abgebogen wäre.

»Die Beerdigung ist morgen Abend, siebzehn Uhr, auf dem Ebershaldenfriedhof«, sagte sie. Dann wartete sie geduldig auf meine Antwort.

Als ich meine Stimme wieder im Griff hatte, verabredeten wir uns für den nächsten Tag, es hatte keinen Sinn, dass ich in der Nacht schon losfuhr. Karin gab mir noch ihre Handynummer, ich gab ihr meine, und wir legten auf.

&

Ich suchte mir Wäsche zusammen, es reichte noch für ein paar Tage, und legte einen schwarzen Anzug oben auf den Kleiderberg. Eine schwarze Krawatte fand ich auch, aber die musste mir noch irgendwer bügeln, so verknittert, wie sie war, konnte ich sie nicht zur Beerdigung tragen. Ein weißes Hemd besaß ich nicht, das musste ich mir in Esslingen besorgen. Der iPod war noch im Handschuhfach, das Waschzeug durfte ich morgen nicht vergessen.

Ich schickte meinen Text an Paul und die Fattoria, denn ich wusste nicht, ob ich rechtzeitig wieder hier sein würde, um noch weiter daran zu arbeiten. Als unsere Mutter gestorben war, hatte sich Sigrid zusammen mit unserem Vater um das Notwendige gekümmert, ich hatte keine Ahnung, wie lange es brauchte, alles, was einer Beerdigung noch folgen mochte, zu erledigen.

Als ich die beiden Mails abschickte, landete eine von Claudia im Postfach.

Lieber Robbi, Ecki hat mir gestern eine Trennungsvereinbarung unterschrieben, nach der ich die Wohnung bekomme und zweieinhalb Millionen Euro. Es ist ein Wunder. Und das verdanke ich Dir. Du bist mein Schutzengel. Hätte ich nichts von dem Gewinn gewusst, dann wäre er mich mit der Wohnung als Almosen losgeworden.

Du hättest sein Gesicht sehen sollen, als ihm der Anwalt eröffnete, die Scheidungsklage sei fertig und würde Montag eingereicht, es sei denn, er unterschreibe gleich hier die Vereinbarung.

Ganz der coole Macker, für den sich Ecki hält, nahm er die Papiere, las und wurde grün, als er die Forderung entdeckte. Sicher schwante ihm schon was, aber er bot die letzten Reste seiner Arroganz auf, blähte die Backen und hustete den Satz heraus: »Was soll denn das sein? Zweieinhalb Millionen?«, aber er war von der Erkenntnis, dass wir von dem Gewinn wissen mussten, schon so geschwächt, dass er nur noch stieren Blicks und tränenden Auges die Antwort des Anwalts schluckte: »Wenn wir klagen, wird es teurer.«

Jetzt war Ecki nicht mehr grün, sondern kreidebleich. Er stotterte und schnappte nach Luft, weil er nicht wusste, wie er fragen sollte, warum wir von dem Geld wissen. Ich nahm ihm schließlich die Mühe ab und sagte, von Dir. Jetzt hast Du zwar einen Feind mehr, aber auch eine Freundin. Die darauf besteht, ihr Glück irgendwie mit Dir zu feiern. Sag Du einfach, worauf Du Lust hast, dann machen wir das. Irgendetwas wird es doch geben, das Du Deiner Regina erklären kannst, oder? Ich bin jedenfalls über alle Maßen glücklich. Das wollte ich Dich unbedingt wissen lassen. Ich muss oft an Dich denken in der letzten Zeit.

Gute Gedanken. Claudia.

Ich antwortete:
Claudia, das ist toll. Gratuliere. Ich antworte nur kurz, weil ich auf dem Sprung bin, mein Vater ist gestorben, ich muss hin. Kreuzfahrt oder was auch immer ist jetzt übrigens in Ordnung. Ich muss Regina gar nichts mehr erklären. Leider.

Ich schickte die Mail ab. Und holte meine Waschsachen aus dem Bad, packte sie in eine Plastiktüte, brachte Wäsche, Anzüge, Waschzeug in den Wagen und versicherte mich mit einem Rundblick, dass ich alles aus- und den Anrufbeantworter eingeschaltet hatte. Und fuhr los. Ich würde sowieso nicht schlafen in den nächsten Stunden, da konnte ich auch fahren.

&

Im Höllental lag dichter Nebel, durch den ich mich vorsichtig tasten musste, aber es war schon spät, nach elf, und ich hatte die Straße, die Kurven, den Schwarzwald für mich. Ich war nicht traurig. Dieser eine Schwall von Tränen war schon alles gewesen, was ich an Mitgefühl für meinen Vater aufzubringen schien. Er war ein Fremder. Und er war alt. Gewesen.

Ich warf ihm nicht mehr vor, wie er mit unserer Mutter umgesprungen war, dass er mich geschlagen hatte mit einer kalten, ekelhaften, maschinellen Präzision, genau abgezählt und ohne Emotion, dass er seine Einsamkeit durch Arroganz zu kompensieren glaubte, aber in Wirklichkeit erst erzeugte, dass er sich sicher war, aus mir könne nichts werden, nichts geworden sein, nur weil ich nicht, wie er zeitlebens, ein festes Gehalt nach Hause brachte, dass er nach und nach zurückgesunken war in die Naziweltsicht seiner Jugend, so diffusen wie hartnäckigen Vorstellungen von der Überlegenheit der Deutschen – er sagte nicht mehr Arier, aber ich glaubte, dass er es nach wie vor dachte –, und er betete das Nachkriegsmantra der Millionen unschuldig Verführten, die von allem nichts gewusst, nichts getan, nichts zu verantworten hatten, dieser ganze geistige Rückweg, den er seit den Achtzigerjahren eingeschlagen hatte, war nicht mehr mein Problem gewesen. Nur sein Anspruch, mich zu kennen, über mich Bescheid zu wissen, meinen Charakter einschätzen zu können, ohne mir je eine Frage gestellt oder das, was ich sagte, angehört zu haben, der machte mich jetzt noch rasend.

Oben auf der Baar war der Nebel verflogen, und ich konnte durch die Nacht ziehen wie ein riesiger Panther aus Metall. Auf der Jagd nach Kurven, Kilometern und dem Horizont. Was war denn das? Die Gillette-Werbung? Reifen? Motoröl? Panther aus Metall? Egal. Ich dachte nicht mehr an meinen Vater. Ich fuhr.

&

Die Pommes frites schmeckten zwar schauerlich, aber ich aß sie auf, denn alles andere würde nicht besser sein. Um den fiesen Geschmack loszuwerden, kaufte ich mir hinterher Gummibärchen, das führte aber nur dazu, dass ich jetzt zwei fiese Geschmäcker im Mund hatte. Aber davon lenkte mich die Musik ab. »Whatever« von Aimee Mann. So laut, dass es mir fast die Scheiben rausdrückte. Das fröhlich quietschende letzte Stück brachte mich noch über den Echterdinger Kreisel, dann fuhr ich mit offenem Dach bis Esslingen.

Ich erinnerte mich an ein Hotel in der Gegend des früheren Arbeitsamts, fand es, fuhr vor und bekam ein Zimmer. Und sogar eine kleine Tüte Chips und eine halbe Flasche Wein. Trollinger, nicht mein Fall, aber für diesmal würde er es tun.

Mein Vater war Mesner gewesen. Zuerst, nach dem Krieg, in verschiedenen kleinen Landkirchen, dann fast zwanzig Jahre in der Frauenkirche hier in der Stadt. Nach seiner Pensionierung hatte er allen Kontakt zur Kirche abgebrochen und gleich seinen Glauben mit dem Job an den Nagel gehängt. Falls der nicht schon vorher Heuchelei gewesen war.

Uns Kinder hatte er noch jeden Sonntag in die Kirche gescheucht, als Rentner war er nicht ein einziges Mal mehr dort gewesen. Pfarrer würde ich wohl keinen am Grab vorfinden. Es sei denn, einer hätte sich aufgedrängt und Karin nicht den Mut gehabt, ihn abzuweisen. Aber das war unwahrscheinlich, denn was immer ihr fehlen mochte, Mut gehörte nicht dazu. Und schon gar nicht, wenn es um die Schonung anderer ging. Sie war eine glühende Atheistin. Mir war das recht. In diesen üblicherweise an Gräbern abgelassenen Floskeln liegt für mich kein Trost, und ich brauchte auch keinen.

Ich zappte noch ein bisschen durchs Fernsehprogramm, blieb aber nirgends hängen, dann öffnete ich das Fenster und sah eine Zeit lang auf die geparkten Autos unter mir, und irgendwann war der Wein ausgetrunken, und ich legte mich schlafen.

&

Nach dem Frühstück versuchte ich, Karin anzurufen, erreichte aber nur die Mailbox, also ging ich raus, durch die Stadt, und sah, wie fremd mir alles geworden war. In den letzten Jahren, eigentlich seit dem Tod meiner Mutter, hatte ich immer nur kurz und auf dem Sprung hier haltgemacht, mich so gut wie nie in der Stadt umgesehen, sondern war direkt zu meinem Vater und von dort wieder weggefahren. Der kleine Spaziergang kürzlich, der erste seit langer Zeit, hatte mich seltsam sentimental berührt. Vielleicht lag das am Alter.

Es traf mich wie ein Schock, dass ich hier umhergeschlendert war, während mein Vater tot in seiner Wohnung gelegen hatte. Ich musste ein paarmal tief atmen, um mich zu beruhigen.

Ich ging in die Frauenkirche. Und war überrascht, wie schön ich sie auf einmal fand. Als Kind war ich so oft hier gewesen, aber von Schönheit hatte ich nichts bemerkt. Die Fenster waren damals einfach bunt gewesen, jetzt waren sie überwältigend komplex und subtil. Auch das kommt mit dem Alter. Architektur, Landschaft und Kunst sind offenbar etwas, das man erst später entdeckt, in der Kindheit geht es nur darum, sich stark zu fühlen, endlich erwachsen zu werden, Anerkennung zu erfahren, in der Jugend ist die einzige Schönheit, die zählt, die des anderen Geschlechts und vielleicht noch von Musik, aber früher habe ich nie bei einem Stück geweint. Erst seit ein paar Jahren passiert mir das. Ist das ein Gewinn? Ich achte jedenfalls noch immer darauf, nicht dabei erwischt zu werden.

Musste ich mich schämen, dass ich nicht um meinen Vater trauerte? Immerhin hatte er mich ernährt, beschützt, zur Schule geschickt, mir, als ich klein war, Geschichten vorgelesen, von C. F. Meyer, Peter Rosegger, J. F. Cooper und Melville, ich verdanke ihm die Freude an Sprache, er war immer eine Leseratte gewesen und hatte mir diese Neigung vererbt, aber er hatte auch immer Ansprüche an mich gestellt, denen ich nie zu genügen vermochte. Wäre ich ein besserer Vater geworden? Man erbt mehr, als einem lieb ist.

&

Fast drei Stunden verbrachte ich mit der Zeitung im Café, bis endlich mein Handy klingelte und Karin dran war. Ich hatte es noch ein paarmal versucht, aber aufgegeben, als mir klar wurde, dass sie erst am frühen Nachmittag mit mir rechnete, weil sie ja annahm, ich sei erst am Morgen in Freiburg losgefahren.

Sie hatte alles erledigt. Alle Gänge zu Ämtern, die Papiere, die Einäscherung, den Sarg, die Urne, sogar eine Anzeige für die morgige Ausgabe der Esslinger Zeitung.

»Ich bin stolz auf dich«, sagte ich.

»Da nich für«, sagte sie, und ich erklärte ihr den Weg zum Café. Nach einer Viertelstunde war sie da und ließ sich ermattet auf die Bank neben mich fallen.

»Wo ist deine Regina?«, fragte sie als Erstes.

»Ist nicht mehr meine«, sagte ich.

Sie sah mich an, weitere Fragen auf der Zunge, aber dann beherrschte sie sich, vielleicht weil mein Gesichtsausdruck keine Bereitschaft verriet, sich in dieses Thema zu vertiefen. Sie gab ihrer Tasche einen Schubs und lehnte sich zurück. »Uff. Ein paarmal im Jahr kann ich das nicht brauchen.«

»Er stirbt nicht noch mal«, sagte ich.

»Ach.«

»Ich find's klasse, wie du alles auf den Weg gebracht hast.«

»Na, dann ist ja gut.«

Und schon schien sich unser Gesprächsstoff erschöpft zu haben oder unsere Fähigkeit, einander wie normale

Menschen zu behandeln, sie vertiefte sich in die Speisekarte und hatte es auf einmal wichtig mit der Bestellung einer Suppe und eines Schinken-Käse-Toasts.

Wir brachten es dann doch noch zu einem immerhin höflichen Austausch von Small Talk, bei dem ich nur für die Stichworte sorgte, damit ich nichts von mir preisgeben musste. Sie erzählte von ihrer Familie, den Kindern, die sie nicht hier haben wollte, das müsse nicht sein, fand sie, dieser Großvater habe nichts für seine Enkel getan, die brauchten jetzt auch keine Trauer zu heucheln, und Wolfgang, ihrem Mann, der operiere den ganzen Tag, er könne sich nicht loseisen. Ihre Stimme klang mürrisch, als sie von ihm sprach.

»Wann kommt Sigrid?«, fragte ich.

»Zehn nach zwei landet sie, hast du ein Auto?«

»Ja.«

»Kannst du sie holen? Dann kümmer ich mich um die Blumen und warte an der Wohnung auf euch. Um drei.«

»Okay«, sagte ich und war froh über die Aussicht, eine Weile von ihr wegzukommen. Es war schwierig, irgendwelchen Text zu finden, um das Schweigen zwischen uns nicht allzu peinlich werden zu lassen.

»Bist du traurig?«, fragte ich noch.

»Nein.«

&

Am Flughafen Echterdingen musste ich rennen, weil mich ein kleiner Stau im Parkhauseingang viel zu lang aufgehalten hatte, aber als ich ankam, tat sich noch nichts. Blieb mir Zeit, wieder zu Atem zu kommen.

Sigrid kam mit verweinten Augen auf mich zu, wenigstens trauerte einer von uns. Ich umarmte sie und nahm ihr den Griff ihres Rollköfferchens aus der Hand. Sie sah mich an.

Vielleicht weil sie in meinem Gesicht keine Erschütterung oder Trauer oder zumindest den Versuch, das passende Gefühl zu heucheln, entdecken konnte, sagte sie: »Er hat's auch nicht leicht gehabt.«

»Niemand hat's leicht.«

»Du auch nicht?«

»Doch. Aber erst jetzt.«

Ich hörte selbst, dass das trotzig klang. Sigrid musste denken, dieser Trotz entspringe meiner Weigerung zu trauern, ich wusste hingegen, dass er Regina galt.

»Was ist denn das?«, sagte sie, als ich ihr die Tür meines Wagens aufhielt.

»Ein ziemlich tolles Auto«, sagte ich.

Sie fragte nicht weiter, aber sie sah sich mit skeptischer Ehrfurcht um, als sie saß und ich den Wagen startete.

Auf der Fahrt erklärte ich ihr, ich sei alleine hier, und begann, sie auszufragen, damit ich nicht von mir reden musste. Ihr Mann und die beiden Kinder waren in Amerika, wo ihre älteste Tochter ein Auslandsschuljahr vor sich hatte und alle drei jetzt die Gegend erkunden wollten, bevor man sich für ein ganzes Jahr trennen musste. Ich hörte nur mit halbem Ohr hin. Bei Familiengeschichten schweife ich immer ab.

Wir redeten wie normale Menschen miteinander, aber immer wenn sie nach mir, nach meinem Leben fragte, blieb ich vage und ausweichend. Ich wollte nicht von Geld reden und schon gar nicht von Regina. Das konnte ich auch noch in ein paar Tagen tun, wenn Sigrid den Scheck in Händen hielte. Sie würde sofort anrufen. Karin sicher nicht. Die würde ein Kärtchen schreiben. Und noch an der Schrift könnte ich erkennen, wie schwer es ihr fiel, danke zu sagen.

Ich fuhr Sigrid zu einer Schulfreundin in Oberesslingen und wartete im Wagen, bis sie sich frisch gemacht und ein schwarzes Kostüm angezogen hatte.

&

Auch Karin reagierte mit angemessenem Erstaunen auf mein Auto, sie stieß einen Pfiff aus und sagte: »Nobel, nobel, meine Fresse.«

Sie stand vor der Wohnung, als traute sie sich nicht hinein, bevor wir zu dritt wären. Dabei musste sie in den letzten Tagen mehrmals hier gewesen sein. Ganz sicher hatte sie als Erstes nach einem Testament gesucht, um es verschwinden zu lassen. Ihre Abneigung gegenüber unserem Vater hatte auf Gegenseitigkeit beruht. Hätte er ein Testament hinterlassen, dann wäre sie schlecht weggekommen.

Es juckte mich, sie zu erschrecken, also sagte ich: »Glaubt ihr, er hat ein Testament gemacht?« Und wartete auf ihre Reaktion.

»Passen würd's«, sagte Sigrid.

»Ich hab keins gefunden«, sagte Karin.

»Mir ist das eh egal«, sagte ich, »ich will nur seine Orden aus dem Krieg.«

»Wieso denn das?« Karin sah mich misstrauisch an, als rechne sie mit einer Gemeinheit.

»Um nicht zu vergessen, dass ich Glück hatte, nicht in seiner Zeit geboren zu sein.«

»Aber wieso nur das, wieso nicht deinen Anteil?«

»Ihr habt Kinder, und mir geht's gut«, sagte ich.

In der Wohnung roch es noch vage nach Verwesung, obwohl alle Fenster gekippt waren und jemand mit einem Duftspray dagegen anzukommen versucht hatte.

Karin und Sigrid setzten sich an den Esstisch, auf dem ein Stapel Dokumente lag. Ich zündete mir eine Zigarette an, weil ich hoffte, dem Geruch damit entgegenzuwirken, der sich immer breiter zu machen schien, aber es half nicht, ich ging wieder raus.

Was hätte ich jetzt empfunden, wenn ich meine Bücher hier gesehen hätte? Vielleicht eines davon schon halb gelesen? Ich rauchte zu hastig, mir wurde mulmig. Ich musste mich auf die Gartenmauer setzen.

Karin und Sigrid kamen heraus, die Dokumente, zwei Ordner und ein paar Kladden auf den Armen, und sagten, sie wollten das alles woanders durchsehen, nicht hier. Sigrid reichte mir eine kleine Schachtel, eine Buchbinderarbeit, die sie als Kind in der Schule für meinen Vater gemacht hatte, und sagte: »Da. Deine Orden.«

»Sollen wir irgendwo in eine Kneipe oder ein Café, oder gehen wir zu mir ins Hotelzimmer?«

»Zu dir ins Hotel«, sagte Karin, »ist privater.«

&

In einer knappen halben Stunde hatten wir alles durchgesehen. Geburtsurkunden, Heiratsurkunde, einen Ehevertrag, Kontoauszüge, diverse Geldanlagen, Schulzeugnisse, Beförderungsurkunden von der Wehrmacht und Ähnliches mehr. Unser Vater war nicht arm gestorben. Sigrid und Karin würden je an die vierzigtausend kriegen.

»Schwimmst du wirklich so im Geld, dass du dein Teil ausschlägst?«, fragte Karin, als wir uns zurücklehnten, nachdem die letzte Kladde wieder zugeschlagen war.

»Ja«, sagte ich.

Sie versuchte, den Impuls zu unterdrücken, aber ein ganz kleines Kopfschütteln passierte ihr doch. Weil ich so dumm war, mein Erbteil auszuschlagen, oder so reich, und das natürlich unverdient. Es war mir egal. Was Karin von mir denkt, spielt seit meiner Kindheit keine Rolle mehr.

»Ich würde noch das Aquarell von der Frauenkirche nehmen, wenn es keine von euch haben will«, sagte ich.

»Klar«, sagte Karin.

»Sicher«, sagte Sigrid.

Mein Vater hatte es zum Abschied von der Kirche geschenkt bekommen. Es war ein braves, aber gut gemachtes Original eines Lokalmatadors, dessen Werke jeden Krankenhausflur, Rathaussaal und Behördenempfangsraum hier zierten.

Als Karin auf der Toilette war, sagte Sigrid: »Ihr beide werdet wohl nie mehr Freunde.«

»Der letzte Grund dafür ist weggefallen«, sagte ich.

Dass wir drei dieselbe Familie bevölkert haben sollen, scheint mir heute unvorstellbar. Wenn ich nicht wüsste, dass ich nachts mit vier oder fünf nach Albträumen zu den beiden ins Bett gekrabbelt war, dass mir Karin, zwar widerwillig, aber kompetent bei den Mathematikhausaufgaben geholfen hatte, mich Sigrid gegen die harschen Urteile unseres Vaters in Schutz genommen und wir uns alle drei tränenblind am Grab unserer Mutter an den Händen gehalten hatten, neben ihm, der mit steinernem Gesicht in die Ferne blickte und sichtlich bemüht war, die Beileidsbekundungen der Trauergäste nicht mit Schulterzucken oder bissigen Bemerkungen zu quittieren, wenn ich all das nicht in meiner Erinnerung gespeichert hätte, dann würde ich uns für Leute von drei verschiedenen Kontinenten halten.

&

Ein Friedhofsangestellter trug die Urne und passte seinen anfangs noch gemessenen Schritt unserem zügigeren Tempo an. Wir kannten den Weg. Unser Vater hatte das Grab seiner Frau damals schon für zwei ausgelegt. Nicht weil er über den Tod hinaus Sehnsucht nach ihr hatte, sondern weil es günstiger war. Auch auf dem Grabstein war noch Platz.

Das Grab war ausgehoben und mit Blumen geschmückt. Darum herum lagen Bretter, damit man nicht auf die nackte Erde treten musste. Der Aushub war nirgends zu sehen.

Vor dem Grab auf den Brettern lag ein Netz ausgebreitet. Der Friedhofsangestellte ging in die Knie und platzierte die Urne genau in der Mitte des Netzes. Dann richtete er sich wieder auf, legte die Hände ineinander und senkte den Kopf. Nach einer gewissen Zeit, vielleicht einer Minute, die er in demonstrativer Andacht verbracht hatte, hob er den Kopf und sah uns der Reihe nach erwartungsvoll an. Da niemand von uns ein Gebet sprach oder sonst eine weihevolle Handlung vornahm, wollte er sicher das Startzeichen von uns. Ich nickte ihm zu.

Er ging wieder in die Knie, nahm das Netz an allen vier Ecken und legte sie zusammen, dann stand er auf, hob die Urne im Netz, schwenkte sie behutsam übers Grab und senkte sie in die Tiefe. Er ließ die Enden des Netzes los, und sie fielen in die Grube, dann trat er dezent beiseite und stand abwartend da.

Wir auch. Sigrid hatte den Blick zu Boden gerichtet, ich sah auf den Grabstein und Karin in die Ferne. Ganz leise sagte sie: »Das wird Mama nicht gefallen, oder?«

»Sie ist nicht mehr da unten«, sagte ich.

Und auf einmal flossen mir Tränen aus den Augen. Karin sah mich verwundert an, Sigrid bemerkte es nicht. Ich weinte nicht um meinen Vater. Ich dachte an unsere Mutter. Es ging schnell vorbei.

Sigrid warf einen erschöpften Blick auf uns und ließ ihren Blumenstrauß ins Grab fallen. Wir taten es ihr nach.

Und dann stand der Vermieter meines Vaters da. Er drückte uns nacheinander die Hand, sagte »Herzliches Beileid« und gab der Zeremonie im letzten Augenblick noch so etwas wie Würde, obwohl sich zugleich die Peinlichkeit der Szene dadurch erst recht manifestierte.

Karin steckte dem Angestellten einen Schein zu, ich glaube, es war ein Zwanziger, bedankte sich und schüttelte ihm die Hand, wir nickten dem Vermieter zu und gingen zum Tor.

&

»Essen wir was zusammen?«, fragte ich, als wir bei unseren Autos standen, aber Karin zuckte die Schultern, und Sigrid schüttelte den Kopf. »Ich hab noch überhaupt keinen Hunger.«

Wir wollten so schnell wie möglich auseinander.

&

Ich hatte damit gerechnet, dass wir den Abend miteinander verbringen würden, jetzt stand ich, nachdem Sigrid und Karin zusammen losgefahren waren, neben meinem Wagen und wusste nicht, was tun. Nach Hause? Nein. Das war schon kein Zuhause mehr. Das Hotelzimmer war noch für diese Nacht gebucht, also würde ich mir den Abend irgendwie um die Ohren schlagen, morgen ausschlafen und dann gemütlich abschweben.

Ich schlenderte durch den Altweibersommerabend, bekam Hunger und stellte fest, dass ich schon mindestens vierundzwanzig Stunden lang nicht an Regina gedacht hatte. Und nicht an Geld. Jedenfalls nicht meines.

Morgen sollte Voula Perides ihren Käfer bekommen. Es wäre ein Katzensprung nach Stuttgart, aber ich wollte sie nicht überfallen. Mit ihr hätte ich gern zu Abend gegessen, wäre durch den Schlosspark spaziert und hätte den Speiseplan für unser Picknick am Baggersee aufgestellt.

Ob Astrid noch hier lebte? Und wenn ja, als was? Managerin, Bankangestellte, Kioskbesitzerin, Schlampe mit Schäferhund, Gattin eines Daimler-Arbeiters oder Rockpromoterin? Alles konnte aus ihr geworden sein, ich wusste nichts von ihr. Aber ich wollte auch nicht in meiner Jugend spazieren fahren und schon gar nicht meine verflossenen Lieben abklappern. Nur, was tut man alleine in Esslingen an einem diesigen Sommerabend? Ein Song von Warren Zevon ging mir durch den Kopf. »Things to Do in Denver When You're Dead«. Auf jeden Fall nicht an Regina denken. Was essen, ins Kino, ins Bett.

&

Ich werde hier nie wieder herkommen, dachte ich am anderen Morgen, als ich gegen elf Uhr losfuhr und mich durch die steilen Kurven auf die Fildern hochschraubte.

Später, beim Einbiegen auf die Autobahn, ließ ich alle Fenster herunter und öffnete das Dach und hörte mir das Brausen, Fauchen und Brüllen des Verkehrs an.

So werde ich nicht sterben, ging mir auf der Höhe von Böblingen durch den Kopf, allein und ohne dass man mich vermisst, hastig verscharrt von Leuten, die sich eben noch schnell das Erbe teilen und es dann eilig haben, voneinander wegzukommen. An meinem Grab soll jemand weinen. Und wenn es wegen der Musik ist. »A Salty Dog« von Procol Harum zum Beispiel. Und nicht aus dem Gettoblaster, sondern Hi-Fi.

Bei Rottweil fuhr ich durch ein Gewitter und im Höllental durchs nächste, aber als ich unten war, zogen nur noch dramatische Wolkengebilde über den Himmel, die Luft roch elektrisch wie nach einer langen Studionacht, die Straße war trocken, und das Thermometer auf meinem Display zeigte achtundzwanzig Grad.

Mein Vater war ein schlechtes Beispiel, sein Charakter, sein Leben, sein Tod, ich durfte nicht so werden wie er. Ich würde es anders machen, sagte ich mir, alles, und ich schrieb eine innere Notiz: Meinen Freunden reinen Wein einschenken. Anlügen kann ich sie nicht, so reinlegen wie Yogi und Irene will ich sie nicht, ich werde einen nach dem anderen besuchen und ihnen sagen, was passiert ist. Und dann sehen, ob sie damit zurechtkommen, ob sie mich nur noch spöttisch oder spitz anzureden vermögen oder ob sie es schaffen, Robbi-Rich genauso gernzuhaben und genauso unverkrampft mit ihm umzugehen wie bisher.

Und wenn die Scheidung durch ist, mache ich ein Testament, in dem ich sie alle bedenke und Regina mindestens eine Million bekommt. Oder zwei. Ob ich sie damit posthum beschämen will oder ihr wirklich nur Gutes tun, werde ich vielleicht erst in der letzten Sekunde meines Lebens wissen. Wenn es mich dann noch interessiert.

&

Auf dem Anrufbeantworter war Voula Perides: »Herr Allmann, das Auto ist wunderschön, ich kriege mich gar nicht ein vor Begeisterung und werde jetzt erst mal ziellos durch die Gegend kutschieren. Danke. Sie machen mir eine riesengroße Freude.«

In der E-Mail zwei Nachrichten von Paul und den Zieglers, sie waren zufrieden mit dem Text, Paul wollte drei Kleinigkeiten ändern, und Frau Ziegler lud mich ein, wann immer ich wolle, ein paar Tage bei ihnen zu verbringen. Als Gast des Hauses.

Ich war müde und legte mich hin. Eigentlich hatte ich noch die Wäsche abholen wollen, es war erst kurz vor vier, aber das konnte ich auch am nächsten Tag noch tun.

&

Ich musste Stunden geschlafen haben, denn als ich aufwachte, war es dunkel, und ich hatte beißenden Hunger. Ich wollte nicht mehr raus und rief den Pizzaservice an und bestellte eine Margherita mit Peperoncini. Die Zigarette, die ich mir beim Telefonieren angezündet hatte, schmeckte nicht. Ich drückte sie aus und legte mich wieder hin.

&

Regina lachte mich aus. Das war ein Witz, sagte sie, ein Witz, weißt du, was ein Witz ist? Es gibt keinen Claus, der ist nur in deinem Kopf, seit wann verstehst du keinen Spaß mehr? Und sie wollte mich küssen, aber ich war so verletzt und voller Selbstmitleid, dass ich mein Gesicht wegdrehte und ihre Lippen zuerst nur mein Ohr trafen, dann irgendwie die Haare, dann gab sie auf, und es klingelte.

Die Pizza. Ich tapste im Halbschlaf zur Tür, öffnete, und da stand ein drahtiger, bärtiger Mann und noch einer hinter ihm, der war nicht drahtig, sondern eher bullig. Und bartlos.

»Cherr Allmann?«

Ich war zu verschlafen, um zu registrieren, dass der Mann keinen Pizzakarton in den Händen hielt und dass Pizza üblicherweise nicht von zwei Leuten gebracht wird, um überhaupt irgendeine Vorstellung von dem zu haben, was in den nächsten Sekunden auf mich zukam, ich sah den Mann an, versuchte zu kapieren, was er wollte, wer das sein konnte, wieso er meinen Namen kannte, wenn er nicht der Pizzabote war, und wieso er mich so komisch fixierte, da sah ich, dass er den Arm hob, und das Nächste war ein explodierender Schmerz in meinem Gesicht. Der Mann sah aus wie der Präsident von Iran.

&

Jetzt weiß ich, wem ich den überzähligen iPod schenke. Dem Pizzaboten, der den Krankenwagen rief, als er mich leblos und verrenkt in meiner Haustür liegend fand. Ich kenne seinen Namen, denn er war vorgestern hier mit meiner ersten LP unterm Arm, die er signiert haben wollte. Er hatte sogar einen dicken Filzstift mitgebracht. Sobald ich hier raus bin, lade ich ihm alles, was ich bis jetzt im Computer habe, drauf und schenke ihm das Ding.

Wenn er die Musik mag, die ich früher gemacht habe, dann mag er vielleicht auch die, die ich heute höre. Und für Kerstin Ziegler fällt mir was anderes ein. Zum Beispiel Bücher. Ich hätte noch zwölf Thriller im Kofferraum. Aber vielleicht sollte ich ihr auch gar nichts schenken. Um ihr nicht den Eindruck zu geben, ich wolle das Bild auf Umwegen nun doch bezahlen. Ich konnte doch einfach ihre Großzügigkeit annehmen, ohne mich zu revanchieren.

Zwei Tage lang war ich so mit Schmerzmitteln vollgepumpt, dass ich nichts mitbekam, ich erinnere mich zwar irgendwie daran, im Computertomografen gelegen zu haben, an das Kreisen und Surren und Singen, aber ich könnte das auch geträumt haben, so vage und nebulös sind die Bilder.

Ich glaube auch, dass Regina da war, und ich glaube, ich habe gesagt: »Geh weg, das ist jetzt mein Leben«, aber ich könnte auch das geträumt haben. Nein, ich habe das nicht geträumt. Das weiß ich deshalb, weil mir die Gedanken an Regina nicht mehr so wehtun. Es fühlt sich anders an, wenn ich ihr Gesicht vor Augen habe. Jetzt ist es eher ein Phantomschmerz. Eine Erinnerung. Etwas aus meinem früheren Leben.

Dann kamen die richtigen, körperlichen Schmerzen, schwoll das Veilchen um mein rechtes Auge ab, der Verband über meiner gebrochenen Nase wurde nach jedem Wechsel kleiner, und ich begann, den Ort zu beachten, an dem ich war: ein Einzelzimmer mit Balkon, Telefon, Fernseher und einem Bad, das ich, wegen des Gipsverbands an meinem zweimal gebrochenen Schienbein, anfangs nicht ohne Hilfe aufsuchen konnte.

Die Schwestern sind sehr nett, der Oberarzt hat Humor, er lachte laut, als ich dem Polizisten, der mich irgendwann vernahm, erklärte, der Mann, der mich so zugerichtet habe, sei Machmud Achmadinedschad gewesen. Oder sein Bruder. Ich kann mir den Namen des Oberarztes nicht merken. Er ist so normal, dass er nicht in meinem Kopf bleiben will. Irgendwas wie Schneider, Schmidt, Meier, Müller, Schröder.

Ich hatte Glück, dass mich gleich der erste Schlag des Drahtigen ins Traumland schickte; so, wie ich zugerichtet war, hätte es grauenhaft wehgetan. Die beiden mussten mit Baseballschlägern oder Knüppeln auf mich eingedroschen haben, und das nicht zu knapp, denn sie wollten ihr Geld auch wert sein.

Was Ecki wohl dafür hingelegt hat? Tausend? Mehr? Ich muss mich bei Gelegenheit erkundigen, was zwei Profis kosten, diese Ausgabe kommt auf mich ja auch zu. Für die Revanche. Aber ich werde meinen Jungs einschärfen, dass sie ihn nicht als Erstes anästhesieren und dann vermöbeln, sondern genau andersherum. Erst die Haue, dann ins Traumland.

Die Krankengymnastin, eine zarte Frau Junghans, hat mich die letzten Tage so getriezt, dass ich sie manchmal auf den Mond wünschte, aber inzwischen kann ich gehen und muss nur darauf achten, dass ich es nicht übertreibe. Alle meine blauen Flecken sind gelb geworden, manche von ihnen schon so blass, dass sie morgen oder übermorgen verschwunden sein müssten. Ich spüre die Stellen zwar alle noch, aber nur mehr als Schmerzecho. Wie Muskelkater.

Morgen darf ich hier raus. Ich soll eine Zeit lang viel spazieren gehen, wenig Auto fahren und gar keinen Sport machen. Letzteres wird mir nicht schwerfallen, der einzige Sport, den ich seit meiner Schulzeit betrieben habe, war Kreuzworträtsellösen.

In einer Woche kann ich losziehen. Nach Berlin. In mein neues Leben.

&

Ich sollte mir vielleicht eine Liste machen. Vermutlich werde ich noch einige Zeit ein Fremdling im eigenen Leben sein, aber es wird mich nicht stören, vielleicht fällt es mir nicht einmal groß auf, denn ich werde viel zu tun haben:
das Kagan kaufen,
Eckis Abreibung,
den Loustal für Paul,
Wohnung,
einrichten,
umziehen,
Testament,
die Freundschaft mit Voula nicht einschlafen lassen, sie ist in meinem neuen Leben der einzige Mensch, von dem ich Rat hören will und annehmen würde, es ist, als stünde sie über den Dingen, die mich verwirren, sie ist so aufgeräumt und hat die Ruhe weg.
Geld anlegen,
Kinder unterstützen,
herausfinden, woran mich der Geruch nach Heu und Bremsbelag erinnert,
Kunstgeschichte,
Musik,
allerdings sehe ich mich schon eine dümmliche Melodie nach der anderen daherklimpern, ohne Idee, ohne das Gefühl, etwas Gutes in die Welt zu bringen, ein Hobbymusiker, ein Heimorgelpilot – ich habe vielleicht alles verloren, was man zum Musizieren braucht, die Notwen-

digkeit, den Glauben an mich, die Leidenschaft und den Größenwahn, ich habe Angst, es zu versuchen, denn vielleicht ist da nichts mehr. Vielleicht bin ich leer.

Italienisch,

Selbstwertgefühl,

nicht hauptberuflich der abgeschaffte Daggl sein, nicht immer den Moment abklopfen, ob Geld darin eine Rolle spielt, nicht vergessen, dass der Unterschied zwischen Dandy und Snob gewaltig ist, der eine strebt nach Unabhängigkeit, im Idealfall sogar von den eigenen Bedürfnissen, der andere will von allem nur das Beste, und das ist so hässlich wie Geiz.

&

Der nette Oberarzt Schneider oder Meier verabschiedet sich von mir. Er habe morgen keinen Dienst und sage deshalb jetzt schon auf Wiedersehen, er wünsche mir alles Gute und sei froh, dass sich alles so schnell so gut gemacht habe.

Er spielt mit seinem Schlüsselbund und schaut mich seltsam eindringlich an. Das hat er in den letzten Tagen schon manchmal getan, mir war das rätselhaft, ich dachte, ob er vielleicht früher mal meine Musik gemocht hat und daher meinen Namen kennt, aber er hat nie was in der Richtung verlauten lassen, und ich habe ihn natürlich nicht gefragt, warum er mich so fixiert.

»Was haben Sie jetzt vor?«

Das ist auch eine leicht skurrile Frage, denke ich, man wird doch nicht gleich ein neuer Mensch, wenn einem jemand die Fresse poliert hat. Ist Schneidermeier vielleicht schwul und steht auf mich? Will er wissen, ob wir noch Kontakt halten können?

»Weiterleben«, sage ich, und er wirkt zufrieden, als habe er genau das von mir hören wollen. Dann geht er.

&

Auch Schwester Odile hat morgen keinen Dienst. Sie ist schon in Straßenkleidern, hübsch angezogen, Rock und Top in blassem Dunkelgrün, eine blaue Sonnenbrille im Haar, ein feuerroter Gürtel und ebenso rote Schuhe. Sie wünscht mir alles Gute und wirft mir eine Kusshand zu.

Als sie schon fast wieder draußen ist, sehe ich, dass ein Schlüsselbund auf meinem Tisch liegt, und rufe sie zurück: »Ist das Ihrer?«

Sie schaut sich das Ding an und schüttelt den Kopf. »Dann muss es der vom Doktor sein, der war auch eben da«, sage ich, und sie nickt, nimmt den Schlüssel, beeilt sich, nach draußen zu kommen, und ruft auf dem Flur: »Doktor Bär! Ihr Schlüssel!«

Ich weiß nicht, ob ich lachen soll. Schneidermeier ist das Verströmerli? Der Glitschmailpoet? Der Mann, der nicht im Kopf lebt? Jetzt lache ich. Und höre mir selber dabei zu. Es klingt nicht bitter. Ich wünsche ihm Glück.

&

Eins habe ich noch vergessen auf meiner Liste: Ich will eine Katze. Und wenn es die eigensinnigste und arroganteste Katze der Welt ist, sie mir die Möbel zerkratzt, ich für sie kochen oder zum Rauchen auf den Balkon gehen muss, ich werde sie lieben. Und sie wird da sein.

Nachbemerkung

In Baden-Württemberg sind die Usancen bei der Benachrichtigung von Lottogewinnern anders, als in dieser Geschichte dargestellt – ich habe mir die Freiheit genommen, eine fiktive Prozedur, wie sie eher in Rheinland-Pfalz möglich wäre, zu schildern, weil es mir zwingend erschien und besser gefiel.

Wie immer danke ich meinen Testlesern, die mir noch im Manuskriptstadium geholfen haben, Schwächen, Fehler und Ungenauigkeiten aufzuspüren: Jone Heer, Axel Hundsdörfer, Bernhard Lassahn, Patrick Langer, Birgit Henseleit, Christiane Mühlfeld, Thomas C. Breuer, Beatrice Siegel, Michael O. R. Kröher, Klaus Hemmerle, Uli Gleis, Axel Ulber, Ulli und Claudia Kettner, Ute Bredl-Heydt, Vera Eichholz-Rohde und Sybille Hempel-Abromeit.

Claudia Schreiber
Ihr ständiger Begleiter

Roman. 224 Seiten. Gebunden

»Es gab Tage, da spürte Johanna wieder die Pedale des alten Harmoniums unter ihren Füßen. Sie konnte sich gut erinnern, wie dieses Instrument damals die Luft einsog und schwerfällig den Choral herausbekam.« Aber diese Tage liegen eine Weile zurück. Das war, als ihr ständiger Begleiter sie noch beschützte, vor der Winterkälte und den Strafen ihres sehr entschlossenen Vaters, des Predigers. Einmal rettete Er Johanna sogar das Leben, als ihre Brüder sie im Stich gelassen hatten. Doch schon bald begann Er, ihr Vorschriften zu machen. Während ihrer ersten großen Liebe, Rob, entpuppte Er sich als Spielverderber, der sie schließlich sogar erpresste. Doch als Johanna sich von Ihm trennen will, wird sie Ihn nicht mehr los ...

»Ihr ständiger Begleiter« ist ein Roman voller Kraft, Leidenschaft und Originalität: Es scheint eine Liebesgeschichte und ist es doch nicht. Auf ganz besondere Weise – zart, radikal und mit feinem Humor – erzählt Johannas dramatische Beziehung zu Gott von Liebe, Toleranz und religiösem Eifer.

PIPER

Wolfram Fleischhauer
Schule der Lügen

Roman. 528 Seiten. Gebunden

Es ist keine Seltenheit, daß der junge Student Edgar von Rabov seine Abende in der Berliner Eldorado-Bar zubringt. Doch diese kühle Februarnacht des Jahres 1926 ist anders, mit ihr beginnt für Edgar etwas Neues: Eine bemerkenswert schöne junge Inderin erregt sein Interesse. Immer wieder scheint auch sie Edgars Blick zu suchen. Als sie das Eldorado in Begleitung eines mysteriösen älteren Herrn verläßt, steckt Alina Edgar eine Notiz zu: »Übermorgen hier. Ich erwarte Sie.« Edgar, dessen Lebensweg als Sohn einer norddeutschen Adelsfamilie und Alleinerbe einer Farbenfabrik vorgezeichnet scheint, kann sich dem exotischen Zauber der jungen Frau nicht entziehen – und läßt sich auf ein abgründiges Liebesabenteuer mit ihr ein. Doch welche Rolle spielt ihr eleganter englischer Begleiter? Und weshalb hält sich Alina in Berlin auf? Edgars Zuneigung zu ihr bleibt seiner Familie nicht verborgen – sie läßt ihn beschatten und scheint besonderes Interesse an dem Engländer zu haben. Als Alina plötzlich spurlos verschwindet, ist Edgar entschlossen, Antworten auf all seine Fragen zu finden und ihr bis nach Indien zu folgen ...

PIPER

Steven Hall
Gedankenhaie

The Raw Shark Texts. Thriller. Aus dem Englischen von
Marcus Ingendaay. 432 Seiten. Gebunden

Eins nach dem anderen. Bleiben Sie ruhig. Wenn Sie das hier lesen, bin ich nicht mehr da. Nehmen Sie den Hörer und drücken Sie die Eins. Dr. Randle wird sich melden, Sie müssen sofort zu ihr fahren. Sofort. Mit Bedauern und voller Hoffnung, gezeichnet der Erste Eric Sanderson. – Als Eric Sanderson diesen Brief liest, erfaßt ihn panische Angst, Angst, die mit der Erkenntnis einhergeht, daß etwas sehr sehr Schlimmes passiert ist, daß er einen gravierenden Fehler gemacht hat. Eric zwingt sich also, ruhig zu bleiben, eins nach dem anderen: Wer ist er, und wo befindet er sich? Nur eins ist sicher – er wird von einer unsichtbaren Macht verfolgt, die sein Leben bedroht. Aber vielleicht geschieht das alles ja nur in seinen Gedanken? Nach einer irrwitzigen, beinah tödlichen Begegnung entschließt Eric sich, den Ersten Eric Sanderson zu suchen ...

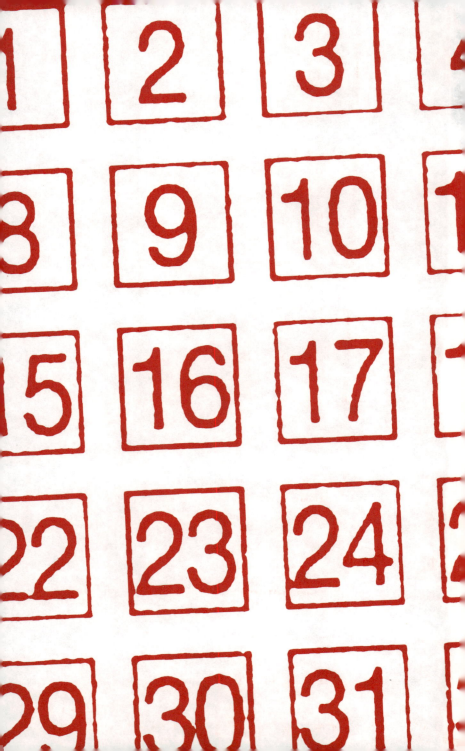